KURT ORTH
DIE VERLORENE VIELFALT

Viel Freude beim Lesen wünscht
Ihnen Kurt Orth
Alles Gute zum Geburtstag und
viel Gesundheit
Freienseen 16.04.2013

Kurt Orth

Die verlorene Vielfalt

Autobiografie

© 2013 AAVAA Verlag

Alle Rechte vorbehalten

1. Auflage 2013

Umschlaggestaltung: AAVAA Verlag, Berlin
Coverbild: Kurt Orth

Printed in Germany

ISBN 978-3-8459-0060-5

AAVAA Verlag
www.aavaa-verlag.com

Alle Personen und Namen innerhalb dieses Romans sind frei erfunden.
Ähnlichkeiten mit lebenden Personen sind zufällig und nicht beabsichtigt.

Inhaltsverzeichnis:

01 Einleitung:

02 Die Jugend und erste Kontakte mit der
    Natur
    Bernhard Grzimek
    Der Jäger oder eher nicht
    Der Angler

03 Der Terrarianer
    Schlangen
    Warane, Frösche, Salamander
    Vogelspinnen und Skorpione
    Die Schildkröten

04 Unsere einheimischen Tiere
    Das Rotwild
    Die „Stangensuche"
    Die Feuersalamander
    Der Flusskrebs
    Fische und Muscheln
    Die Wiesel, das Mufflon
    Die Reptilien
    Die Rabenvögel

05 Reisen in die Heimat unserer Pfleglinge
    Frankreich
    Sri Lanka
    Rosenheim und Bayrischer Wald
    Jugoslawien, Südtirol
    Gambia
    Libyen
    Namibia

06 Lebensräume der Wildtiere

Warum habe ich dieses Buch geschrieben?

Das Wort „Vielfalt" ist heutzutage in aller Munde und wird schon inflationär gebraucht oder besser missbraucht. Vermutlich weiß keine der Gruppierungen mehr genau, was es damit auf sich hat, oder wie wichtig diese ominöse Vielfalt für uns oder für das Leben auf der Erde wirklich ist.
Vermutlich alle, welche diesen Begriff verwenden, verstehen darunter den Istzustand, wie er augenblicklich in Tier- und Pflanzenleben herrscht.
Tatsächlich ist dieser Istzustand für das Überleben der Menschen immens wichtig, aber nicht so überlebenswichtig wie es Naturschutzorganisationen oder manche Parteien glauben machen wollen.
Schon mehrfach in der Erdgeschichte wurde diese Vielfalt durch verschiedene Ereignisse dramatisch reduziert und stand im Perm, vor 245 Millionen Jahren, ganz knapp vor der totalen Vernichtung allen höheren Lebens auf der Erde. Aber immer wieder haben sich anpassungsfähige Arten behauptet und für neues, vielfältiges Leben auf der Erde gesorgt. Allerdings dauerte diese Erholung der Vielfalt oft bis zu über 100 Millionen Jahre.
Warum also sollte der Mensch, der durch seine einzigartige Intelligenz und Anpassungsfähigkeit schon die verheerende Eiszeit überstanden hat, bei einem zu erwartenden rapiden Artenschwund mit vernichtet werden?
Die Frage ist weniger die Vernichtung allen menschlichen Lebens, als der Erhalt eines lebenswerten Lebens, wie wir es heute kennen.
Wie wichtig ist uns die Natur mit allen Tier- und Pflanzenarten? Können wir uns überhaupt eine merklich reduzierte Vielfalt unserer Umwelt vorstellen?
Wird über die Vielfalt in der Natur gesprochen, denkt fast jeder an so augenscheinliche Arten wie Wale, Elefanten oder große Raubkat-

zen. Die wirkliche Vielfalt ist aber in einer Schubkarre Urwalderde eher zu definieren als bei den klassischen Publikumslieblingen. Bei oben genannter Urwalderde hätten Forscher Jahre mit der Klassifizierung der einzelnen Organismen zu tun. Das macht auch die Lebensgemeinschaft Urwald so angreifbar. Das eng verzahnte Lebensgefüge dieses Lebensraumes ist nach einer Vernichtung nur über immens lange Zeiträume in der Lage, sich zu regenerieren.

Das entscheidende Problem bei der Erhaltung der momentanen Artenvielfalt ist die Verteilung der Artenmenge auf der Erde, und das Interesse von Bevölkerung und Politik an deren Erhaltung. Während im vergleichsweise artenarmen Europa die Erkenntnis und Bereitschaft zur Erhaltung der Natur und ihrer Vielfalt wächst, steht in den artenreichen Gebieten wie Südamerika und Zentralafrika der Profit weit im Vordergrund.

Besonders wird das bei Brasilien deutlich, wo der Regenwald unaufhörlich weiter vernichtet wird, und die größte Vernichtung von Arten in der Geschichte der Menschheit droht. Doch auch „zivilisiertere" Länder wie Kanada, wo der Wald massiv vernichtet wird, oder Amerika, wo große Teile der Wüste beeinträchtigt werden, stellen den Profit vor den Naturschutz.

Vermutlich wird ein globales Umdenken und auch Handeln erst nach der Vernichtung von etwa drei Vierteln der zurzeit noch existierenden Arten stattfinden.

Welche Folgen dieser vermutlich nicht zu stoppende Artenschwund nach sich zieht, ist zurzeit nicht abzuschätzen. In der Natur schlummern noch viele Geheimnisse, mit deren Hilfe eine große Zahl an Krankheiten zu behandeln möglich wäre. Alleine dieser Verlust ist für die Menschen der Zukunft kaum zu verschmerzen. Dazu kommen Rohstoffe, deren Nutzung noch nicht im Ansatz begonnen hat. All dies opfern wir einem kurzfristigen Profitdenken. Ganz nebenbei zerstören wir unser Ökosystem und riskieren nicht abzuschätzende Gefahren für Klima und Sauerstoffhaushalt der Erde.

Zurück zu meiner anfangs gemachten Aussage, all dies wird das Leben auf der Erde nicht endgültig vernichten. Aber für die nächsten paar Millionen Jahre auf jeden Fall bedeutend ärmer machen.
Müssen wir die Zerstörung der globalen Lebensräume und letztlich der lebenswerten Zukunft der nächsten Generationen tatenlos akzeptieren?
Amerika spielt sich als Weltpolizei auf, allerdings nur aus wirtschaftlichem Interesse. Wo die Ressourcen für die nächsten Generationen vernichtet werden, reicht anscheinend ein zaghaft erhobener Zeigefinger aus. Muss die Weltbevölkerung wirklich tatenlos zusehen, wenn Regierungen und Konzerne aus purer Gewinnsucht global wichtige Ökosysteme zerstören? Vermutlich haben die Mächtigen der Erde selber so viel Dreck am Stecken, dass sie gar nicht in der Lage sind, zu protestieren oder gar zu handeln.
Die nächsten Generationen werden uns verdammen für unsere Tatenlosigkeit.
Die wirtschaftliche Isolation wäre ein sicheres Mittel die größten Naturvernichter zu stoppen. Doch dem stehen die eigenen wirtschaftlichen Interessen im Wege. Gewinne der weltweit agierenden Konzerne sind der Politik wichtiger als die Zukunft der Menschheit.
Selber habe ich die Veränderungen in der Natur über fünfzig Jahre beobachtet und möchte hier einen Überblick geben.
Meine Kindheit und die Jahre danach spielten sich in einer Zeit der tiefgreifendsten und rasantesten Veränderungen ab, die es in der Entwicklung der Menschheit sehr wahrscheinlich gab. Der technische Fortschritt ist über uns alle mit rasender Geschwindigkeit hereingebrochen und die Lebensbedingungen vor fünfzig Jahren sind aus heutiger Sicht schon nicht mehr vorstellbar.
Was sich im Bezug auf Hygiene, Kultur und Freizeitverhalten tiefgreifend geändert hat, wäre ein eigenes Buch und soll hier nicht berücksichtigt werden. Es war auf jeden Fall gewaltig und ohne den technischen Fortschritt und dem daraus resultierenden zunehmenden Wohlstand nicht möglich.

Hier möchte ich aufzeigen, was sich in der Natur und Tierwelt in dieser Zeit geändert hat und auch was unwiederbringlich verloren ist.

Seien es die Reisen in noch mehr oder weniger natürliche Regionen, bevor der Massentourismus darüber hereingebrochen ist, sei es die Beobachtung unserer einheimischen Tiere, oder einfach das Genießen einer vielfältigen Natur. Sehr vieles von dem in diesem Buch Geschilderten ist für immer zerstört und nicht mehr zu erleben. Selbst die Haltung von Terrarientieren, wie ich sie noch erleben durfte, ist in dieser Form nicht mehr möglich.

In der Natur hat eine große Verarmung eingesetzt. Über fünfzig Jahre habe ich eine vielfältige Natur kennenlernen dürfen, leider musste ich den Niedergang auch miterleben. Dabei war die Natur zurzeit meiner Jugend beileibe nicht in einem Idealzustand. Im Vordergrund stand für alle das wirtschaftliche Wachstum, und der Umweltschutz war noch weitgehend ein Fremdwort. Aber die Lebensraumzerstörung und der damit verbundene Artenschwund standen noch am Anfang. Heute dürfen wir die „Erfolge" davon bewundern.

Auch mir war nicht bewusst, dass der weitgehende Niedergang in unserer Natur schon eingesetzt hatte. Immerhin konnte ich noch viele Tierarten beobachten, die heute eine absolute Rarität darstellen. So gesehen lebte ich wirklich in einem Paradies mit einer wunderbaren Artenfülle. Überall im Feld hörte ich die Lerchen, große Rebhuhnketten schwirrten durch die Luft und das Hermelin war noch weit verbreitet.

In den Bächen sah ich noch reichlich Edelkrebse, Bachneunaugen und Schlammpeitzger. Dies alles ist verschwunden, nur kaum jemand vermisst es. Durch Fernreisen, Fernsehen und hunderte andere Ablenkungen ist der Kontakt zur Natur schrittweise verloren gegangen. Die Menschen sehen die heimischen Tiere nur noch im Fernsehen. In Ausnahmefällen hören sie auch was über die Bedrohung.

Ich möchte die Erinnerung an die Artenfülle meiner Jugendzeit wach halten und habe die Hoffnung, dass durch das Bewusstsein des Verlorenen der Wunsch erwächst, zumindest das Jetzige zu erhalten. Leider geschehen die meisten Eingriffe in die Natur, ohne das jemand etwas davon mitbekommt. Klammheimlich werden Gesetze geändert oder Vorschriften passend ausgelegt und wieder ist ein Lebensraum vernichtet.

So gehen in Deutschland jedes Jahr riesige, für das Überleben der Wildtiere notwendige Flächen verloren. Man braucht nur an die Grube Messel zu denken, klammheimlich sollte dieses Gebiet mit Müll zugekippt werden. Unersetzliche Zeugnisse der Erdgeschichte wären verloren gegangen.

Den Politikern müssen wir ständig auf die Finger schauen, die kennen nur „Sachzwänge", Lobbyisten und Wahlversprechen. Einer solchen Klientel die Zukunft der Natur und damit auch unsere Zukunft anzuvertrauen, ist fast Selbstmord.

Zur Einleitung möchte ich die Naturerlebnisse meiner Jugend schildern und wie ich zur Natur und ihren Tieren und Lebensräumen gekommen bin. Nur durch den schon sehr frühen Kontakt mit der Natur bin ich in der Lage die schleichenden Veränderungen zu registrieren.

Jugend und erste Kontakte mit der Natur

Auf dem Land aufgewachsen, erwachte meine Liebe zu Tieren schon mit jungen Jahren. Das erste Haustier, an das ich mich erinnern kann, war ein Schäferhund. Er hatte uns Knirpse von fünf Jahren ins Herz geschlossen und bewachte uns aufopferungsvoll. Sobald wir Ärger mit anderen Kindern hatten, flüchteten wir zu Alex und keiner traute sich zu uns. Diesen Beschützer haben wir dann weidlich ausgenutzt und bei jeder sich bietenden Gelegenheit bei ihm Schutz gesucht.
Leider ist der treue Kerl dem aufkommenden Hygienewahn der Nachkriegszeit zum Opfer gefallen. Unsere Mutter sah durch den engen Kontakt mit diesem Hund unsere Gesundheit gefährdet und er wurde erschossen.
Doch auch die Tiere der umliegenden Natur zogen mich bald in ihren Bann. Durch unser Dorf am Rande des Vogelsberges in Hessen flossen zwei Bäche, welche zu dieser Zeit noch genug Wasser und eine Menge Bewohner hatten. Sehr bald hatte mich die Neugier auf die Wasserbewohner gepackt und ich konnte stundenlang durchs Wasser waten, um Fische und anderes Getier zu beobachten. Bedingt durch das Friseurgeschäft meiner Mutter und die Enge in deren Mietwohnung, wuchsen wir Zwillinge im benachbarten Dorf bei den Großeltern auf. Und eben diese Großeltern waren entsetzt von meinen frühen Aktivitäten am Wasser und sahen mich im Geiste schon als Wasserleiche. Der Familienrat beschloss daher, ein Aquarium anzuschaffen, damit meine Fischleidenschaft auf ein unbedenklicheres Umfeld gelenkt werden sollte. Damit hatten sie den heranwachsenden Knirps aber gewaltig unterschätzt.
Die Fische im Aquarium konnten wir stundenlang beobachten, aber recht schnell zog es mich wieder hinaus in die freie Natur.
Zu dieser Zeit hatte ich noch keinen Zugang zu Fachbüchern und so bekamen die Fische in den Bächen Fantasienamen nach ihrem Aus-

sehen oder Verhalten. Mit Sicherheit sind die Bezeichnungen, mit denen die Tiere bedacht sind, auf dem gleichen Weg entstanden. Bei meinen Streifzügen durchs Wasser habe ich dann auch Bekanntschaft mit den Flusskrebsen gemacht.

Die ersten Begegnungen waren für mich recht schmerzhaft, aber bald galt ich bei meinen Altersgenossen als Experte im Krebsfang. Allerdings wurden die gefangenen Krebse genauso wenig verspeist wie die gefangenen Fische.

Es war einfach mein Wunsch mich ständig mit Tieren zu beschäftigen. Über den Stress, den ich den Tieren dadurch zufügte, habe ich mir in meinen jungen Jahren noch keine Gedanken gemacht. Das ist aber in unserer ach so aufgeklärten und angeblich tierlieben Zeit auch heute bei vielen Erwachsenen nicht besser, doch dazu mehr in einem anderen Kapitel.

Irgendwann 1959 oder 1960 gab es ein starkes Mäusejahr, und der Fang und die Beschäftigung mit den sehr zahlreichen Mäusen wurde ein fesselndes Erlebnis für mich. Erstaunlicherweise waren die gefangenen Mäuse nach ganz kurzer Zeit zahm und versuchten nicht mehr zu beißen. Überhaupt sind die Wildmäuse bei näherem Hinsehen ganz bezaubernde Tiere. Wären sie nicht allgegenwärtig, würden sie vermutlich häufig als liebenswerte Haustiere gepflegt.

Überall hin schleppte ich Mäuse, selbst in der Schule gab es in dieser Zeit öfters Mäusealarm. Dann haben wir uns köstlich amüsiert, wenn die Mädchen auf die Tische sprangen und quietschten. Die Lehrer fanden das auf Dauer nicht ganz so lustig, aber im Großen und Ganzen haben sie es gelassen beobachtet.

Hatte ich doch im Biologieunterricht einiges beizutragen und auch immer wieder lebendes Anschauungsmaterial beigesteuert. Dazu wurde ich auch von den Lehrern der anderen Klassen in Anspruch genommen.

Zu dieser Zeit etwa entdeckte ich meine Leidenschaft für das damals noch reichlich vorkommende Wild in unseren Wäldern. Wann immer ich konnte, verschwand ich im Wald und meine Großeltern hatten schon wieder einen Grund, sich zu ängstigen. Aber trotz aller

Einwände war ich nicht im Haus oder Dorf zu halten, die Leidenschaft, das Wild zu beobachten, war stärker.

Die Besitzer der angrenzenden Waldungen, die Grafen von Solms Laubach, hatten Muffelwild zur Bereicherung der Jagd ausgesetzt. Dieses hatte sich so gut vermehrt, dass ich große Rudel beobachten konnte. Dabei kam ich einmal einem Rudel mit einigen Jungtieren sehr nahe und die Widder standen mit gesenkten Hörnern vor mir. Anscheinend haben sie den nervenden Halbwüchsigen nicht besonders ernst genommen.

Aber ein besonderes Erlebnis war für mich schon damals das Zusammentreffen mit Rotwild. Auch bei dem damaligen starken Rotwildbestand war es nicht alltäglich, die Tiere zu sehen und jeder Waldbesuch mit Hirschsichtung war ein besonderer Erfolg.

Ebenfalls haben mich die damals noch häufig vorkommenden Wiesel in ihren Bann gezogen. Diesen übermütig spielenden Kleinmardern konnte ich zusehen, solange sie sich zeigten und ich hatte schon damals den brennenden Wunsch, eines Tages so ein elegantes Tier als Haustier zu besitzen.

Allerdings sind die Freiheitsliebe und der Bewegungsdrang bei diesen intelligenten Raubtieren so ausgeprägt, dass die Haltung von wild gefangenen Hermelinen reine Tierquälerei ist und regelmäßig mit dem Tod des Tieres endet. Von einem befreundeten Jäger hatte ich mehrmals große Wiesel erhalten und musste jedes Mal diese traurige Feststellung machen.

Wiesel werden leider von vielen Jägern und Kleintierzüchtern noch als vermeintliche Schädlinge verfolgt und getötet. Bis heute hat sich bedauerlicherweise an dieser Praxis noch nicht viel geändert. Dabei ernähren sich Wiesel in erster Linie von Mäusen und passen ihren Bestand der Verfügbarkeit der Beute an. Wird tatsächlich mal ein Junghase oder Rebhuhn erbeutet, ist das nichts im Vergleich mit den Opfern des Straßenverkehrs. Wiesel sind leider keine Kulturfolger wie beispielsweise die Steinmarder, und der Bestand wird durch das Nahrungsangebot reguliert.

Jedes Frühjahr zog ich zu den noch häufigen Tümpeln im Umkreis des Dorfes, um die Molche zu beobachten. Gerade die Molchmännchen mit ihrem Rückenkamm erinnerten mich an Drachen der Vorzeit. Ein anderer noch häufiger Lurch war der Feuersalamander mit seiner wunderbaren Färbung. Schnell wurden einige der farbigen Gesellen in ein Terrarium gesetzt und der Ereignisse, die da kommen sollten, geharrt. Mangelndes Wissen über das Verhalten dieser Lurche machten meine Hoffnungen schnell zunichte. Wochenlang tat sich gar nichts und die ganze Gesellschaft wurde enttäuscht in den Wald zurückgebracht.

Die gleiche Enttäuschung erlebte ich beim Versuch, die damals noch häufigen Blindschleichen im Terrarium zu pflegen. Bei den verkehrten Haltungsbedingungen, mit denen ich versuchte, diese Tiere zu halten, war nur ein Scheitern zu erwarten. Bücher über Terraristik waren kaum vorhanden, und bei dem schmalen Budget meiner Großeltern auch nicht erschwinglich.

Also ging es wieder mit Elan zu den Tieren der „Wildnis". Am Dorfrand lag eine abgesoffene ehemalige Eisenerzgrube, in der vor dem Krieg Eisenerz gefördert wurde. Jemand aus dem Dorf hatte das Gelände gekauft und Fische in den entstandenen Teich gesetzt.

Mit Faszination beobachtete ich Ewigkeiten die Karpfen, Schleien, Döbel und Hechte. Gerade die Karpfen hatten für meine damalige Vorstellung erstaunliche Größen. Erst Jahrzehnte später habe ich als Angler erlebt, wie groß Karpfen wirklich werden können. Aber die Karpfen in diesem Teich hatten zwischen zehn und zwanzig Pfund und wirkten auf mich damals riesig.

Schnell hatten meine Großeltern herausbekommen, wo mein neuer Lieblingsplatz war, und so wurde mir der Aufenthalt an diesem ach so gefährlichen Ort verboten.

Hatten doch zwei Jugendliche aus dem Dorf hier eine Panzerfaust gefunden und sind bei dem Hantieren damit tödlich verunglückt. Auch ich habe immer wieder rostige Hinterlassenschaften des Krieges gefunden, und es grenzt an ein Wunder, dass dabei nie etwas passiert ist.

Für uns Jugendliche der Nachkriegsgeneration waren diese Waffen und Munition etwas Alltägliches und in jeder Hecke und jedem Straßengraben zu finden. Also wurde dieser Kram in unsere Spiele

einbezogen, wie durch ein Wunder meist ohne körperliche Folgen. Fünfzehn Jahre nach Kriegsende war das meiste doch schon sehr verrostet, und das besser Erhaltene von den älteren Jugendlichen schon aufgesammelt.
Dummerweise gerieten auch Waffen in die Hände von uns Kindern, noch heute bekomme ich eine Gänsehaut bei dem Gedanken. So mancher Knirps schleppte eine geladene Pistole mit sich herum und sogar in der Schule tauchte dieser gefährliche Kram auf. Wir hatten Glück und es ist nie etwas schief gegangen.
Die Amerikaner hatten bei Kriegsende Angst vor jedem Küchenmesser, und die Grube bot sich an, alles, was gefährlich aussah, schnell dort zu entsorgen.
Repressalien durch die „Befreier" waren in den ersten Nachkriegsjahren gar nicht so selten.
Meine Großeltern hatten also Angst, dass ich irgendetwas von diesem Kram finden könnte. Die Gefahr meines Ertrinkens ängstigte sie natürlich auch und ich durfte nicht in die „Grube" wie das Areal im Dorf genannt wurde.
Doch alle Ermahnungen und Verbote halfen nichts, immer wieder zog es mich in die „Grube".
Leider ist dieses Gewässer viele Jahre später trocken gefallen und alle Fische fanden ein trauriges Ende. Die verstärkte Entnahme von Grundwasser durch ein regionales Versorgungsunternehmen hat das Wasser buchstäblich abgegraben. Die Laubfrösche haben davon profitiert, in einem Gewässer ohne Fische kommen mehr Kaulquappen bis zur Umwandlung.
Doch trotz aller Leidenschaft für die diversen Gewässer ist mein Drang in die um das Dorf Freienseen liegenden Wälder zu streifen, nicht in den Hintergrund getreten.
Stolz erzählte ich meinem Zwillingsbruder und den anderen Kindern des Dorfes, was ich auf meinen Ausflügen alles gesehen hatte.
Diese Ausflüge verliefen nicht immer ohne Schwierigkeiten, war mein Orientierungssinn doch noch nicht so besonders ausgebildet. Sehr oft verschlug es mich im Wald an Orte, die ich nicht kannte und von denen mir der Heimweg nicht klar war.

Dann kam für kurze Zeit Stress auf, bis ich wieder etwas Vertrautes gefunden hatte, welches mir die Orientierung ermöglichte. Bedingt durch die mangelnden Ortskenntnisse wurde so mancher Ausflug wesentlich länger als geplant, musste ich doch erst einen Ansatzpunkt für die Orientierung finden. Aber die Kreise um das Dorf wurden immer größer und die Ortskenntnisse immer besser.

Im Laufe von über fünfzig Jahren habe ich tausende Kilometer im Wald zurückgelegt, dies ist der Ort, an dem ich Ruhe und Entspannung finde. War ein Arbeitstag noch so stressig, nach einer halben Stunde im Wald war die Welt für mich wieder in Ordnung.

Auch wenn meine Beine nicht mehr so fit sind wie in der Jugend, meine Stunden im Wald brauche ich auch jetzt noch.

Bernhard Grzimek

Unsere Großmutter Babette fuhr mit uns Zwillingen eines Tages in den Zoo nach Frankfurt. Das war damals noch eine aufregende Reise. Mit dem Regionalzug nach Gießen und von da mit einem Zug mit Dampflok nach Frankfurt. Dort ging es dann mit der Straßenbahn zum Zoo.

Die Tiere in den Gehegen waren für uns Kinder natürlich sehr aufregend, kannten wir sie doch nur aus dem Fernsehen. Jede Woche kam eine Sendung mit Professor Dr. Bernhard Grzimek, in der dieser die Tiere Afrikas vorstellte und für deren Schutz warb. Nachdem wir eine ganze Weile am Gehege mit den Eisbären gestanden hatten, kam mir ein Mann unmittelbar neben uns bekannt vor. Daraufhin sagte ich zu Oma „Guck mal, das ist doch der Grzimek". Sie erwiderte darauf „das kann nicht sein, der ist doch die meiste Zeit in Afrika". Darauf hin war diese Episode beendet.

Einige Wochen später saßen wir wieder alle vor dem Fernsehgerät und schauten die Sendung „Ein Platz für Tiere" mit Professor Dr. Bernhard Grzimek. Im Laufe der Sendung sagte er „Um einen Irrtum aufzuklären, ich bin keineswegs die meiste Zeit in Afrika. Hier in Frankfurt habe ich einen Zoo zu leiten, und das erfordert auch hier einiges an Zeit". Er hatte uns also gehört und fand es wichtig, diesen falschen Eindruck aufzuklären.

Einige Jahre später, als meine Schulzeit sich dem Ende zu neigte, ging es um die Frage, was für einen Beruf ich ergreifen sollte. Da bis dahin meine ganze Leidenschaft die Tiere waren, haben meine Eltern ausgelotet, was in diesem Bereich möglich sei. Meine Mutter hat dann einen Brief an Professor Dr. Bernhard Grzimek geschrieben mit der Frage, ob ich nicht Tierpfleger im Frankfurter Zoo werden könne.

Es kam dann tatsächlich eine ganz ausführliche Antwort von diesem viel beschäftigten Mann. Er hat darin von dem Beruf des Tierpflegers für mich abgeraten. Die Entlohnung während der Ausbildung und auch danach sei so niedrig, dass ich mir davon kaum eine Unterkunft in Frankfurt leisten könne. Er hat dann noch eine Reihe

Berufe in der Landwirtschaft aufgezählt, die wohl eher für mich geeignet wären, und mir alles Gute für meine berufliche Laufbahn gewünscht.

Diesen Brief des bedeutenden Artenschützers und damals auch Medienstars bewahre ich noch heute auf. Leider wurde Bernhard Grzimek von großen Teilen der Jäger später ziemlich angefeindet, weil er den Zoo aus Frankfurt in die Niddaauen verlegen wollte. Er hatte erkannt, dass die Gehege in der Innenstadt zu klein waren und der Zoo so nicht weiter entwickelt werden konnte und auch nicht zukunftsfähig war.

Da er die Jäger immer gegen ungerechtfertigte Kritik in Schutz genommen hatte und ihre Bedeutung für das Wild deutlich gemacht hatte, empfand ich die Anfeindungen durch die Jäger als beleidigend und ungerechtfertigt. Der Zoo ist in der nächsten Zeit sehr schnell an seine Grenzen gekommen, den Anforderungen, die jetzt an eine solche Institution gestellt werden, konnte er nicht mehr gerecht werden. Als Folge musste die Anzahl der gepflegten Arten stark eingeschränkt werden.

Der Jäger, oder eher nicht

Durch meinen häufigen Aufenthalt im Wald kam ich zwangsläufig in Kontakt mit den Jägern der umliegenden Waldungen. Sehr viele begegneten dem Störenfried des Wildes mit Misstrauen und Ablehnung, aber einige dachten an ihre eigene Jugendzeit und förderten meine Wildverbundenheit. Naiv, wie ich war, vergötterte ich diese Herren über das Wild und hatte nur noch den Wunsch, bald dazu zugehören.

Von meinem bescheidenen Einkommen als Bäckerlehrling (25 DM im Monat) habe ich mir die notwendige Fachliteratur und ein Abonnement der „Jägerzeitung" zugelegt und fleißig den Blase (Handbuch für die Jägerprüfung) durchgearbeitet.

Ein Jagdpächter hat mich dann unter seine Fittiche genommen und mir auf Ausflügen in sein Revier die notwendigen praktischen Seiten der Jagd näher gebracht.

Jagd hat ja in der wenigsten Zeit mit Schießen zu tun, die meiste Zeit geht mit der Pflege der Reviereinrichtungen drauf. Hochsitze müssen ständig instand gehalten werden, Fütterungen hergerichtet und beschickt werden. Weiterhin sind die Pirschwege ständig frei zu halten, will man doch möglichst geräuschlos zu den Hochsitzen und auch wieder zurückkommen. Wichtig ist auch das Anlegen von Äsungssäckern, die das Wild von den landwirtschaftlich genutzten Flächen abhalten. Das Verhindern von Wildschäden ist mit der wesentlichste Teil der Jagd.

Bedingt durch die hohen Pachtgebühren für ein Jagdrevier sprengen die zusätzlichen Kosten für den Ausgleich der Wildschäden in der Landwirtschaft sehr schnell die Möglichkeiten eines Jagdpächters. Gerade der Bestand an Wildschweinen ist durch Bejagung sehr schwer zu steuern.

Diese Tiere wechseln ständig ihren Aufenthalt und sind stark nachtaktiv. In einer einzigen Nacht können mehrere Wildschweine einen Acker oder eine Wiese ruinieren, diesen Schaden muss der Jagdpächter den Bauern ersetzen. Nur durch ablenkende Fütterungen und Wildäcker kann dieser den Schaden in Grenzen halten.

Besonders stark können die Schäden durch Hirsche ausfallen. Durch immer geringeres natürliches Nahrungsangebot und zunehmende Störungen durch Jagd und Freizeitverhalten wird oft die Rinde von Bäumen gefressen und diese Schäden können gravierend sein. Deshalb Hirsche ausrotten zu wollen, erscheint mir primitiv, es wird aber versucht.

Sehr aufwendig aber auch interessant ist die Ermittlung des Wildbestandes. Immerhin wird aufgrund der Angaben über den Wildbestand von der Jagdbehörde der Abschussplan erstellt. Die Jäger können keineswegs frei entscheiden, was sie abschießen, die Abschusszahlen werden nach vorhandenem Wildbestand und Lebensraum ermittelt. Jagdgegner werfen den Jägern immer wieder vor, sie gäben mehr Wild an als vorhanden ist, um mehr schießen zu können. Dass dieser Vorwurf jeder Logik widerspricht, liegt auf der Hand, wo soll nach ein paar Jahren noch Wild herkommen?

Wüssten die Bürger etwas besser über die jagdliche Praxis Bescheid, wäre das Ansehen der Jäger in der Öffentlichkeit um einiges besser. Von bestimmten Quellen wird das Bild von schießwütigen Tierquälern geschürt und die Jäger betreiben leider zu wenig Öffentlichkeitsarbeit, um die wahre Seite der Jagd aufzuzeigen. Außerdem ist unter sehr vielen Jägern Neid ein ausgeprägter Charakterzug. Besonders in unmittelbarer Nähe der Jagdreviergrenze ein verhängnisvoller Makel, was sich an Wild an die Grenze traut, ist schon fast tot. Der größte Feind der Jäger ist vermutlich der Jäger selbst.

Keiner gönnt dem Anderen den starken Rehbock und schon gar nicht den kapitalen Hirsch. Lieber wird der gut veranlagte Junghirsch klammheimlich viel zu früh illegal umgelegt, als das man ihn den Nachbarn gönnt.

Meine Frau hat mir zum fünfzigsten Geburtstag das Geweih eines Hirsches geschenkt, der dafür ein gutes Beispiel liefert.

Eines Tages wurde erzählt, ein Achtzehnender sei tot gefunden worden.

Ein Hirsch mit einem Geweih von achtzehn Enden ist etwas Besonderes und die Nachricht machte schnell die Runde. Einige Tage später lag das Geweih im Hof unseres Försters und ich konnte es bestaunen und auch fotografieren. Nach und nach kam das Schicksal dieses Tieres ans Tageslicht. Ein Jäger in einer angrenzenden Jagd hatte auf diesen Junghirsch geschossen und nur nachlässig nach ihm gesucht.

Da der Schuss illegal war, hat er die Jäger der angrenzenden Reviere nicht benachrichtigt. Bei einem starken Hirsch sickert fast immer etwas durch und der Hirsch wurde nun überall gesucht. Alles Suchen half nichts, erst ein Jahr später wurde von einem Waldarbeiter das Skelett gefunden.

Da mir das Geweih sehr gut gefiel, hat es Elke klammheimlich gekauft und mir zum Geburtstag geschenkt. Später habe ich an der Fundstelle des Hirsches noch mal gründlich gesucht und dabei die zwei Unterkiefer gefunden. Danach konnte ich das Alter des Hirsches auf vier Jahre datieren.

Damit war er ein sehr gut veranlagter Zukunftshirsch und wäre für den Rotwildbestand unentbehrlich gewesen. Geht man von einem optimalen Abschussalter von zwölf Jahren für einen so prächtigen Hirsch aus, wurde er acht Jahre zu früh getötet.

Mittlerweile wird vermutet, dass etwa die Hälfte aller Hirsche klammheimlich geschossen wird und keinen Eingang in die Abschusszahlen findet. Dass diese Praxis für die Hirschbestände verheerend ist, liegt auf der Hand.

Bei der Einweisung in die jagdliche Praxis wurde ich auch mit der Fallenjagd auf das Raubwild vertraut gemacht. Zur damaligen Zeit lagen die Preise für Pelze recht hoch, heute gibt es keinen Markt mehr dafür. Besonders das Fangen von Steinmardern war eine spannende Angelegenheit. Heute sind sie so häufig geworden, dass sie buchstäblich jeder Depp fangen könnte.

Schon im Herbst wurde der Fangplatz vorbereitet, das heißt, es wurde eine Kiste mit Hobelspänen oder Fichtennadeln aufgestellt. Einige Wochen vor dem versuchten Fang wurde alle paar Tage ein Hühnerei auf die Oberfläche der Hobelspäne gelegt. Am Morgen der beginnenden Fangperiode (Dezember und Januar) wurde vorsichtig das Fangeisen in die Kiste eingebaut und mit einem Ei als Köder versehen. Die Marder waren meist so vorsichtig, dass es Tage bis Wochen dauerte, bis einer gefangen war. Tellereisen waren zum Glück schon lange verboten und die speziellen Eiabzugseisen fingen die Marder im Normalfall direkt hinter den Vorderbeinen und pressten Herz und Lunge zusammen, sodass die Tiere schnell tot waren und nicht lange leiden mussten.

Da es damals aufgrund der intensiven Bejagung wenige Marder gab, waren kaum mehr als zwei oder drei pro Saison zu erwischen. Bei dem damaligen durchschnittlichen Lohn war der Preis für ein Marderfell allerdings nicht ohne. Wer damals über fünfhundert Mark verdiente, war schon gut im Durchschnitt, für ein Marderfell gab es bis zu hundert Mark. Selbst habe ich keines der von mir erbeuteten Felle hergegeben, noch heute bewahre ich sie als Andenken auf.

Bei Neuschnee habe ich früh am Morgen einen Kreis um das Dorf gezogen, um zu sehen ‚ob ein Marder hineingezogen war. Oft habe ich dann mit den Eingeweiden eines Stallhasen eine Schleppe bis zu meinem Fangplatz gelegt (die Eingeweide an einem Seil hinter mir hergezogen). Häufig hatte der Marder in der nächsten Nacht die Spur aufgenommen und ich hatte Hoffnung, ihn zu erwischen.

Da die Marder sehr vorsichtig waren, bedeutete das nicht zwangsläufig, dass ich ihn gefangen habe. Vielleicht habe ich dadurch einen von fünf erwischt. Marder und Mensch standen in einem Wettstreit, wer der Schlauere war, lediglich der Einsatz der Marder war bedeutend höher.

Sehr spannend war morgens die Annäherung an den Fangplatz, hatte sich einer gefangen oder ging ich wie meistens leer aus?

Leider geschehen auch mit den oben genannten Abzugseisen bedauerliche Unfälle, bei denen der Marder nicht sofort tot ist.

Mehrere Tage hatte ein Marder das angebotene Ei gefressen und ich hielt den Zeitpunkt für den Fang für gekommen. Am Morgen hatte ich die Falle scharf gestellt und ein Fangei auf dem Abzugsteller befestigt. Den nächsten Morgen ganz früh habe ich dann die Falle nachgesehen und mich packte das Grauen.

Der Marder hatte ganz untypisch das Ei statt mit dem Maul mit den beiden Vorderbeinen gepackt und hing hilflos in der Falle. Auch wenn ich einige Marder bis dahin gefangen hatte, liebte ich im Grunde diese eleganten und hübschen Tiere. Da durch das starke Fangeisen die beiden Vorderbeine zerschlagen waren, konnte ich ihn nicht einfach freilassen. Ob ich wollte oder nicht, ich musste den Marder mit einem Knüppel erschlagen und hätte dabei kotzen können.

Nie wieder habe ich danach ein Mardereisen gestellt. Dieses furchtbare Erlebnis machte mir die weitere Raubwildjagd unmöglich.

Leider wurde später mit der Antipelzkampagne der Verkauf von Marderpelzen unmöglich und diese Kulturfolger haben sich unnatürlich stark vermehrt. Die Kabel in den Autos könnte man ihnen ja noch verzeihen, immerhin hat es unsere Gesellschaft ja selber verbockt.

Das Leid der Höhlenbrüter und Eulen, deren Nester regelmäßig durch die zu häufigen Marder zerstört werden, geht alleine auf das Konto naturfremder Tierschützer, die von den Abläufen in der Natur keinen Dunst haben.

Es ist nun mal ein Unterschied, ob die Pelze aus fragwürdigen Farmen stammen oder aus geregeltem Jagdbetrieb.

Zumindest die Pelze von Tieren, die ohnehin gefangen oder geschossen werden müssen, hätten diese Naivlinge nicht verteufeln dürfen. Die Felle von bedrohten exotischen Raubkatzen hätte man vom Gesetzgeber besser auf einen Index gesetzt und den Handel damit verboten. Die gründliche Überwachung der Pelztierfarmen auf Verstöße gegen den Tierschutz hätte gereicht, das Wohl der Tiere sicherzustellen.

Vermutlich war bei dieser Kampagne sehr viel Neid mit im Spiel und die Pelze waren der Vorwand.

Besonders schlimm wirkten sich von diesen Gruppen begangene Tierbefreiungsaktionen aus. Gerade das Freilassen der Minks Nordamerikas aus den Pelztierfarmen hat die einheimischen Populationen von Nerz und Iltis stellenweise ausgelöscht. Weiterhin bedrohen diese schnellen Räuber ganze Populationen an Vögeln und Kleinsäugern. Wenn Menschen, statt mit dem Kopf zu denken, die Entscheidungen aus dem Bauch treffen, werden daraus leicht kriminelle und dumme Machenschaften, was für viele Tiere leider in einer Katastrophe endet.

Fuchs und Steinmarder haben durch ihre Nähe zu Menschen ihre Abhängigkeit von natürlichen Bestandsmechanismen verloren. Ohne Bejagung stellen sie für ihre Beutetiere eine zu große Belastung dar. Um das zu verstehen, muss man sich mit den Abläufen der Natur vertraut machen, mit Bambimentalität schaden wir den Wildtieren nur.

Immer wieder stellen Tierschützer die These auf, die Zahl der Räuber werde durch das Angebot an Futter von selber reguliert.

Das hat früher funktioniert, als noch nicht so viel von dem „Futter" auf der Roten Liste stand und nur durch unseren Schutz überleben kann.

An Marderarten kamen damals noch Baummarder, Iltis und natürlich die beiden Wieselarten Hermelin und Mauswiesel gelegentlich vor. Da die Erstgenannten recht selten waren, spielten sie für die Jagd auch damals schon keine große Rolle mehr.

Im Laufe meiner jagdlichen Ausbildung wurde ich auch öfters als Treiber bei Jagden eingesetzt. Die von der Jagdbehörde vorgegebenen Abschusszahlen, gerade bei den Wildschweinen, sind bei der Ansitzjagd nicht zu erzielen, und so müssen leider immer wieder diese unseligen Treib- oder Drückjagden durchgeführt werden.

Dabei kam es immer öfter zu Erlebnissen, die für mich die Jagd unmöglich machten. Bei diesen Jagden ist das Wild nur für Sekunden für den Jäger sichtbar und das Ansprechen (bestimmen von Alter und Geschlecht) und Schießen muss sehr schnell gehen. Dass dabei nicht jeder Schuss optimal sitzt, liegt auf der Hand. Im Anschluss an die Jagd, waren dann Nachsuchen auf das angeschossene Wild die Regel. Und leider kam so manches krankgeschossene Tier gar nicht zu Strecke und seinem Leiden konnte kein Ende bereitet werden.

Das führte für mich dazu, dass ich nach jedem Schuss mit den Gedanken bei dem verletzten und leidenden Tier war und regelrecht mitgelitten habe. Das ist auch heute noch so bei jedem Schuss, den ich im Wald höre.

Wie berechtigt dieses Mitleid ist, hat so ein toller Schütze vor einiger Zeit deutlich gemacht.

Bei einer dieser Drückjagden hatte er einen Hirsch vor sich und hat unberechtigt auf ihn geschossen. Unberechtigt, weil solche Hirsche für den Abschuss gar nicht freigegeben waren. An der Stelle des Anschusses fanden sich Teile des Kiefers und Zähne. Trotz intensiver Suche wurde der arme Hirsch erst ein Jahr später als Skelett gefunden.

Über die Qualen der Kreatur bis zum erlösenden Tod durch Hunger und Durst sollte sich der verantwortungslose Schütze einmal Gedanken machen.

Während meiner Zeit bei der Bundeswehr hatte ich ebenfalls ein negatives jagdliches Erlebnis. An einem Wochenende wurden Treiber für eine Diplomatenjagd gesucht. Da meine jagdlichen Ambitionen zu der Zeit noch nicht ganz erloschen waren, habe ich mich als Treiber gemeldet.

Diplomatenjagd heißt nicht, dass dabei Jagd auf Diplomaten gemacht wird. Hier trafen sich ein Großteil des Diplomatischen Korps und einige Bundestagsabgeordnete zur Jagd und diese ganze Schar von mehr oder eher weniger guten Schützen, wollten den Hasen zu Leibe rücken. Hasen gab es da auch eine ganze Menge und eine gewaltige Knallerei ging los.

Bei der Treffsicherheit eines Großteiles der „Jäger" waren die armen Hasen leider selten tot sondern nur schwer verwundet. Und so liefen wir Treiber den ganzen Tag übers Feld und haben mit einem Knüppel die geschundenen Kreaturen erlöst.

Durch diese Ereignisse war für mich die Leidenschaft für die Jagd erloschen, allerdings ohne Jagd und Jäger infrage zu stellen. Lediglich ich war persönlich nicht mehr dazu in der Lage.

Damit will ich keineswegs den Jägern allgemein einen Vorwurf machen, ihr Tun ist für Natur und Wild unverzichtbar. Dass es bei diesen auch eine Menge schwarze Schafe gibt ist klar, aber der größte Teil der Jäger jedoch, liebt das Wild. Ein Wildtier, welches bei der Jagd durch einen sauberen Schuss getötet wurde, hatte es allemal besser als ein Nutztier, welches in einem engen Stall ohne Sonnenlicht dahinvegetierte.

Diese Tatsache sollten sich einige verbohrte Jagdgegner einmal klarmachen, immerhin essen auch die meisten von ihnen Fleisch.

Gerade von diesen werden Raubtiere zur Erhaltung des Bestandsgleichgewichtes propagiert, sie sollen die Rolle der Jäger ökologisch übernehmen.

Gegner der Jagd und Ökologen fordern vermehrt die Rückkehr der Raubtiere als Regulatoren des natürlichen Gleichgewichtes in unseren Wäldern.

Sind Wolf, Luchs und Bär in der Lage die Bestände des Wildes zu regulieren?

Haben diese Raubtiere überhaupt Lebensmöglichkeiten bei uns?

Jeder, der von der Rückkehr der großen Räuber träumt, muss sich mit den Lebensgewohnheiten dieser Tiere vertraut machen.

Vertraut machen heißt nicht, mit ein paar zahmen Wölfen im Gatter zu schmusen. Gerade der Wolf ist ein Bewohner der großen Urwälder des Ostens und benötigt ein riesiges Jagdgebiet. Seit vielen Jahrhunderten wurde der Wolf nicht ohne Grund gnadenlos verfolgt.

Die Schäden, welche die Bauern früher durch Wölfe erlitten, waren gigantisch und führten nicht selten zu Hungersnöten. Nach den häufigen Kriegen in den letzten Jahrhunderten hatten sich die Wölfe durch fehlende Bejagung immer wieder stark vermehrt und haben an Weidevieh gefressen, was sie kriegen konnten.

Nach alten Berichten haben sie in den Dörfern die Hunde von der Kette gefressen. Von den Verfechtern einer Wiedereinbürgerung des Wolfs werden diese Schäden gerne heruntergespielt oder ganz ignoriert.

In einem dermaßen überbesiedelten Land wie Deutschland hat dieser Räuber in ganz geringer Stückzahl eventuell im Bayrischen Wald und in wenigen Gebieten im Osten der Republik noch eine Überlebensmöglichkeit. Ansonsten sind die Schäden an Nutztieren keinesfalls zu verschmerzen. Es ist auch nicht einzusehen, warum Zehntausende Euro als Schadenersatz für die Schäden an Weidetieren durch Wölfe von den Steuerzahlern aufgebracht werden sollen, die Schäden durch Wild aber die Jäger alleine tragen.

Von dem Leid des Wildes in unseren winzigen und übersichtlichen Wäldern bei einem so intelligenten und schnellen Räuber ganz zu schweigen. Immerhin bemerken die Tiere sehr schnell die Anwesenheit von Wölfen und stehen dann unter großem Stress.

Ein weiteres Problem wird nur bewusst, wenn wir uns mit dem Verhalten und Seelenleben der Tiere vertraut machen.

Gerade das Rotwild hat eine sehr enge Mutter-Kind-Bindung. Diese besteht weit über ein Jahr lang und sollte auch bei der Bejagung eine größere Rolle spielen. Verliert eine Hirschkuh ihr Kalb im Lauf dieser Zeit, leidet das Tier sehr stark und verliert durch den Kummer auch stark an Gewicht.

Da Wölfe in erster Linie die Kälber reißen, wird durch deren Tod die Mutter mit in seelische Qualen gestürzt. Wir proklamieren ständig, dass in unserer modernen und aufgeklärten Zeit die Menschlichkeit in den Vordergrund getreten ist. Wollen wir menschlich sein, gehört auch das Mitleid mit diesen Tiermüttern dazu. Wenn der Umgang der Menschen untereinander Menschlicher geworden sein sollte, muss es auch die Behandlung unsere Tiere sein. Wem als Jäger oder Naturschützer das Leid dieser Tiere nicht bewusst ist, der sollte sich aus seiner Tätigkeit zurückziehen.

So wie wir die Sklavenhaltung und Leibeigenschaft hinter uns gelassen haben, so sollten wir auch die Behandlung der Tiere als Sache hinter uns lassen. Unterstützt von den Religionen bilden wir uns immer noch ein, wir seien die Auserwählten der Schöpfung und stünden weit über den Tieren. Viele Religionen proklamieren das Wachstum der Bevölkerung ohne Grenzen, zulasten der Natur, und sie haben den Bezug zur unseren Mitgeschöpfen schon seit jeher verloren.

Die Tiere besiedelten die Welt lange vor uns und sie werden sie noch besiedeln, wenn wir uns durch unseren Egoismus längst ausgerottet haben. Bis dahin sollten wir sie als gleichberechtigte Mitbewohner dieser Welt ansehen und achten.

Wer die Wölfe so liebt, dass ihm das Leid der Beutetiere gleichgültig ist, sollte seinen Status als Tierfreund überdenken.

Es ist schade, dass dem Ausbreitungsdrang des Menschen diese herrlichen Tiere weichen müssen. Sollte der Wolf hier wieder leben können, müsste man die Anzahl der Menschen um mindestens zwei Drittel reduzieren und die Waldfläche verdoppeln.

Wer will das durchsetzen?

Es kommt aber noch ein Problem hinzu, das nicht zu erwarten war. Durch streunende Hunde kam es zu Paarungen mit Wölfen und es wurden Mischlinge abgesetzt. Diese sind in ihrem Verhalten nicht berechenbar und müssen sofort abgeschossen werden.

Da die Wölfe sehr versteckt leben, ist das nicht zuverlässig möglich. Solange sich die Wölfe ausbreiten, wird es auch immer zu diesen Mischlingen kommen, wollen wir abwarten, welche Gefahr sie darstellen?

Durch Jahrtausende andauernde Domestizierung hat sich das Verhalten der Hunde von dem der Wölfe wegentwickelt. Die natürliche Scheu ist verloren gegangen und diese Mischlinge aus Wolf und Hund werden unberechenbar.

Vom Bär muss man leider das Gleiche sagen, denn auch dieses große Raubtier hat in diesem allzu dicht besiedelten Land keinen Lebensraum mehr.

Der Bär ist zwar kein so großer Räuber wie der Wolf, ist aber alleine durch seine Größe unserer zurückgedrängten und dem Menschen angepasste Natur entwachsen. Wie wir erlebt haben, wird ohnehin kein Politiker die Verantwortung für einen Bären übernehmen, ganz schnell würde er wieder zum „Problembären".

Lediglich der Luchs ist noch in der Lage, bei uns sein Auskommen zu finden. Als Regulator der Bestände von Rot-und Schwarzwild ist er aber viel zu schwach. Höchstens die Rehwildbestände ließen sich vom Luchs im Gleichgewicht halten. Mittlerweile hat der Luchs mit seiner Wiederkehr begonnen und ich habe selber schon die Fährte und Risse (Reste der Opfer) dieses Raubtieres hier im Wald gesehen.

Ob er als Regulator der Feldrehe in Betracht kommt, ist fraglich. Immer mehr Rehe haben ihr Verhalten umgestellt und leben ganztägig auf freiem Feld. Hier jagt normalerweise kein Luchs.

Vorerst kann also auf Jagd und Jäger nicht verzichtet werden, und erst, wenn die letzten Schalenwildarten in unseren immer kleiner werdenden Forsten ausgerottet sind, wird die Jagd überflüssig.

Wenn die Entwicklung so weiter geht, ist dieser Tag gar nicht mehr so fern.

Als Alternative, die Regulierung des Wildes Berufsjägern, auf Neudeutsch Rangern, zu überlassen, ist nicht zu bezahlen. Jäger müssen hunderte von Stunden jedes Jahr im Wald zubringen und zahlen dafür auch noch tausende von Euro.

Ohne die Jagd in der jetzigen Form müssten die Gemeinden auf Millionen Euro durch Jagdpacht verzichten, die Bauern hätten die Wildschäden selber zu tragen und Millionen gingen als Lohn für die Berufsjäger drauf. Einzige Alternative wäre die Ausrottung des Wildes, vielleicht vielen Jagdgegnern ganz willkommen.

Für mich ist die Jagd kein Thema mehr und ich bin auch froh darüber. Die Anfeindungen gegenüber den Jägern werden immer häufiger, Sachlichkeit spielt dabei selten eine Rolle. Wenn man sich die diversen Internetplattformen von Jagdgegnern ansieht, kann man sich ein Bild von der einseitigen Betrachtungsweise des Inhaltes ein Bild machen.

Da die Bewirtschaftung eines Wildbestandes immer auch mit Töten zu tun hat, kann ich gerne darauf verzichten. Aber leider muss das Töten sein, die Lebensräume der Tiere sind von uns zu sehr eingeengt worden. Bleibt zu hoffen, dass sich das Verhältnis der Bevölkerung zu unseren Wildtieren bald ändert und auch diese Tiere ihren Platz in ihrer ursprünglichen Heimat bekommen. Unser Wild als Schädling anzusehen, welche den Reingewinn von Waldbauern eventuell schmälern könnte, ist primitiv.

Wer sich wie ich so intensiv mit Tieren beschäftigt und sie genau beobachtet, kommt um eine kritische Betrachtung der Jagd nicht herum. Nicht so sehr das Töten, sondern auch die Eingriffe in die Familienverbände der Tiere sollten von einer „aufgeklärten" Gesellschaft nicht unkritisch gesehen werden.

Haustiere werden schon lange vermenschlicht, das Gefühlsleben der Wildtiere ist uns egal. Hier hat das Fernsehen als meinungsbildende Institution noch eine Menge zu tun.

Die Frage, wie Wild und Wald in einem ausgewogenen Verhältnis leben können, ohne die Wildtiere zur Sache abzustempeln und ihre Reduzierung ohne die jetzige Skrupellosigkeit durchzuführen, ist noch nicht im Ansatz beantwortet.

Diese Problematik muss in die Öffentlichkeit getragen werden, sonst entsteht kein Druck zur Lösung. Der jetzige Zustand ist einer aufgeklärten humanistischen Gesellschaft unwürdig und muss dringend beendet werden.

Weder die Abschaffung der Jagd noch die Ausrottung der Wildtiere sind eine befriedigende Lösung. Jagdgegner sehen zwar keine Probleme mit der Abschaffung der Jagd, aber der Wildbestand lässt sich in einem überbevölkerten Land kaum anders regulieren. Mir fällt zu dieser Problematik keine Lösung ein, aber weder grenzenloser Profit, noch unkritische Tierliebe, dürfen dabei eine Rolle spielen.

Vermutlich werden uns spätere Generationen für barbarisch erklären wegen unseres Verhaltens den Tieren gegenüber. Gerade musste ich wieder beobachten, wie in einem Waldgebiet kurz hintereinander drei Drückjagden durchgeführt wurden. Dabei wurde das Wild von Hunden aus den Tagesunterständen durch zwei Schützenketten gejagt und abgeknallt. Das hat weder etwas mit waidgerechter Jagd noch mit kultiviertem Verhalten zu tun. Das ist einfach barbarisch. Flüchtet das Wild nach so einem Massaker in ein anderes Gebiet, findet dort die nächste Gesellschaftsjagd statt, für die Tiere Stress und Horror ohne Ende.

Wann endlich berichten unsere Massenmedien schonungslos über dieses Geschehen?

Oder haben die Medien Angst vor einer Klagewelle der Forstkonzerne und Waldbesitzer, die nur den Kommerz im Kopf haben?

Gerade die enorme Zunahme der Wildschweinbestände zeigt uns die Brisanz der Geschichte. Wird gedankenlos gejagt und schießt man die alten Bachen aus der Rotte, vermehren sich die jüngeren Bachen ungeregelt und der Bestand wird zu groß.
Auf der anderen Seite hat der Fruchtertrag von Buche und Eiche durch den Stress der sinkenden Grundwasserspiegel stark zugenommen.
Dadurch vermehrt sich das Schwarzwild sprunghaft und eine Bejagung ist unvermeidlich. Ein Teufelskreis, aus dem ein vernünftiger Weg gefunden werden muss.

Der Angler

Nachdem meine Leidenschaft für die Jagd so abgekühlt war, wandte ich mich einer Spielart der Jagd zu, die sich in einem anderen Lebensraum abspielt, dem Angeln.

Wer nun denkt, dass diese Tätigkeit wesentlich langweiliger und eintöniger ist als die Jagd, ist auf dem Holzweg. Um als Angler wirklich erfolgreich zu sein, muss man mit dem Verhalten und den Lebensgewohnheiten der erhofften Beute wie beim Jagen auch sehr vertraut sein. Welche Uhrzeit bevorzugen die Fische zu welcher Jahreszeit zum Fressen? Welches Futter wird bei welcher Temperatur und Windrichtung angenommen? An welcher Stelle des Gewässers halten sich die Fische wann auf? In welcher Wassertiefe wird der Köder bei welchem Wetter am besten angeboten? Lauter Fragen, die sich nur durch genaues Beobachten der Fische halbwegs beantworten lassen.

Das zeigte sich besonders bei dem Angeln auf Karpfen. Damals angelte ich an einem Teichsystem bei Hungen, welches ganz idyllisch im Wald lag. Morgens um fünf, ruhig und unbeweglich auf Karpfen zu angeln, war ein spannendes Naturerlebnis. Die Natur erwachte zu einem neuen Tag und überall regte sich das Leben. Der Teich war voller Wassergeflügel, welches entweder in Paarungsaktivitäten oder bei der Revierverteidigung zu beobachten war. Viele Tiere waren am Ufer in Aktion und ließen sich von dem still dasitzenden Angler nicht stören.

Diese Stunden am Wasser bescherten mir sonst nicht mögliche Einblicke in die Abläufe und Lebensgemeinschaften der Natur, und wer das Angeln als Tätigkeit zur Essensbeschaffung ansieht, verpasst das Wesentliche.

Zurück zu den Karpfen. Sehr oft wunderte ich mich, dass mein Köder nach langer Wartezeit vom Haken verschwunden war. Wo lag die Lösung des Rätsels? Ganz vorsichtig habe ich den Köder ganz nahe im flachen Wasser platziert und unbeweglich gewartet, was passiert. Tatsächlich kam nach einiger Zeit ein Karpfen angeschwommen und inspizierte den Köder. Dann geschah das Ungliche, er legte sich flach auf den Köder, drückte ihn platt und verspeiste ihn dann gemütlich, ohne dass ein Haken an der Sache war.

Daraufhin habe ich nach dem Auswerfen der Angel die Schnur straff in der Hand gehalten und auf die geringste Bewegung gewartet. Bemerkte ich ein leichtes Zucken der Schnur, habe ich die Angel mit einem Ruck nach hinten gezogen. Tatsächlich hing dann der Karpfen am Haken, durch genaues Beobachten hatte ich ihn überlistet. Besonders spannend war im Herbst das Angeln auf Hechte.

Wenn ein Hecht auf der Jagd nach kleinen Fischen ist, springen diese auf der Flucht über die Wasseroberfläche. Dann ist es hoffnungsvoll, an dieser Stelle mit einem Kunstköder den Hecht zum Anbiss zu reizen.

Allerdings lassen sich nach dieser Methode meist nur kleine bis mittlere Hechte überlisten. Die großen liegen meist unbeweglich auf der Lauer und schnappen dann plötzlich zu. Um diese Brocken zu überlisten, hilft nur Geduld und Jagdinstinkt.

Große Hechte sind ohnehin nur selten oder nie mit der Angel zu erbeuten.

Bei einem Urlaub an den Mecklenburgischen Seen habe ich bei einem Fischer einen Hecht von weit über vierzig Pfund gesehen. Auf meine Frage, wie man einen solchen Brocken fangen kann, sagte er: „Das geht nur mit dem Netz, an die Angel sind diese vorsichtigen Räuber nicht zu kriegen".

Nach einigen Jahren musste ich aber feststellen, dass Fisch nicht mehr unbedingt meine Lieblingsspeise ist. Hechte und Zander haben wir ja noch ganz gerne gegessen, der Rest aber hat uns gar nicht mehr geschmeckt. Und nur die Räuber zu fangen, den Rest aber im Wasser zu lassen, wäre eine ungünstige Verschiebung des Gleichgewichtes im Gewässer. Auch als Angler ist man für das genutzte Gewässer verantwortlich. Das gelegentliche Einsetzen von Forellen mit der Absicht, sie in ein paar Tagen zu fangen, hat nichts mit Angeln zu tun.

Das Töten eines Tieres und der Genuss beim Essen standen für mich in einem krassen Missverhältnis. Immer häufiger habe ich dann die

Fische wieder zurückgesetzt, da das aber auch nicht unbedingt mit Vernunft zu tun hat, habe ich das Angeln aufgegeben.

Der Terrarianer

Mein Hobby Terrarientiere behandele ich hier deshalb, weil die Terraristik, wie ich sie kennengelernt habe, nicht mehr möglich ist. Hier haben dubiose Organisationen ihre Interessen bei der Gesetzgebung durchgesetzt. Offensichtlich geht es nur noch um das verwaltete Aussterben von Tierarten. Wirksame Schutz-und Erhaltungsmaßnahmen werden verhindert, mit weiteren ausgestorbenen Arten soll Politik gemacht werden. Wenn ein Lebensraum zerstört ist, und es nur noch wenige Exemplare einer Art gibt, hilft ein strenger Schutz nicht mehr.
Nur durch gezielte Erhaltungszucht sind viele stark bedrohte Arten zu retten. Das passt vielen nicht in die Ideologie und wird wirkungsvoll verhindert. Dabei hat die Erfahrung bewiesen, dass sich auf diesem Weg Tierarten erhalten lassen, denken wir nur an den Wisent oder den Moschusochsen als zwei von vielen Arten.
Bei vielen Arten wurde dieser Versuch versäumt, sie wurden unter strengen Schutz gestellt, als ihre prekäre Lage offenbar wurde. Das hat ihnen erwartungsgemäß nicht geholfen, sie sind für alle Zeiten verschwunden.
Nur durch ein sofortiges Zuchtprogramm wären sie zu retten gewesen. Aus diesen Erfahrungen wollte niemand der verantwortlichen Organisationen lernen, und so verschwinden weiterhin jährlich etliche Arten unwiederbringlich von der Erde.

Heute sind viele der von mir gezüchteten Terrarientierarten nur noch unter großen Auflagen vonseiten der Behörden im Terrarium zu pflegen. Und viele Arten darf man überhaupt nicht mehr halten. Das hat den Tieren in ihrer Heimat zwar gar nicht geholfen, dafür ist aber die Bürokratie wirkungsvoll erweitert worden.

„Opfer" der Rote Armee Fraktion

Eines Tages hat uns einer dieser Kollegen angerufen und gefragt, ob wir Interesse hätten, einen Reptiliengroßhändler im Schwarzwald zu besuchen. Er wollte bei diesem einen Gangesgavial abgeben, den ein Schweizer Tierfreund dann dort abholen wollte. Diese Gelegenheit wollten wir uns nicht entgehen lassen, war dieser Reptilienhändler doch der größte im Europa. Bei dem gab es bestimmt eine Menge Interessantes zu sehen. Also Holzkiste mit dem Krokodil ins Auto und Elke und ich dazu und los ging es. Allerdings erst mal nicht bis in den Schwarzwald, bei Heidelberg gab es eine überraschende Pause.

Plötzlich überholte uns ein Auto und aus dem Seitenfenster kam eine Polizeikelle zum Vorschein. Unser Freund brachte sein Auto auf dem Standstreifen zum Stehen und hinter uns blieben noch vier Autos stehen. Aus sämtlichen Autos sprangen Polizisten mit Maschinenpistolen und wir waren recht erschrocken. Wir mussten uns mit den Händen an die Leitplanke stellen und wurden erst einmal nach Waffen durchsucht. Nachdem die Polizisten bei uns keine Waffen gefunden hatten, mussten wir die Papiere unter steter Bewachung aus dem Auto holen und durften gleich wieder mit den Händen an die Leitplanke.

Vom ersten Schreck hatten wir uns erholt und fragten einen Beamten, der direkt hinter uns stand, was das alles zu bedeuten habe. Er klärte uns auf, dass Arbeitgeberpräsident Schleier gerade entführt worden war und wir mit unserem Kombi und unserem bärtigen Kollegen in das Fahndungsraster passen. Sehr neugierig wurden die Polizisten dann, was denn in der langen Holzkiste sei.

Auf unsere Erklärung: „Da drinnen ist ein Krokodil", sagten sie nur: „Wollen Sie uns verarschen?" Darauf sagte unser Freund: „Schauen Sie doch nach." Darauf die mutigen Beamten: „Wir sind doch nicht verrückt." Im Endeffekt hat sich niemand vergewissert, was denn in der ominösen Kiste steckte.

Nach zwanzig langen Minuten an der Leitplanke, unter der Obhut von vier Maschinenpistolen und einer Pistole, war unsere Identität geklärt und es hat sich auch keiner mehr für die Kiste mit dem Krokodil interessiert. Der Polizist in Zivil, der die ganze Zeit mit den Händen in der Tasche hinter uns stand, hat uns dann noch aufgeklärt. Er hatte die ganze Zeit eine Pistole in der Hand, da die Rote Armee Fraktion (Baader-Meinhof-Bande) zwei Tage vorher einen Kollegen von ihm erschossen hatten.

Nach diesem aufregendem Zwischenstopp ging es weiter zu diesem Reptiliengroßhändler und dieser Besuch war fast so interessant wie die Fahrt dorthin. Dessen Angebot war so vielseitig und viele der Tiere hatten wir vorher noch nie gesehen. Gekauft haben wir aber nichts, die Anschaffung eines Tieres sollte immer gut überlegt sein.

Schlangen

Bei einer meiner Angeltouren sah ich ein unbekanntes Objekt über den See auf mich zu schwimmen. Als es näher kam, erkannte ich es als Ringelnatter, und war spontan fasziniert von diesen, mir bis dahin fremden Lebewesen. Schon in meiner frühen Jugend waren Schlangen bei uns sehr selten und ich hatte bis dahin lediglich zwei überfahrene Ringelnattern bei uns und Zornnattern bei einer Klassenfahrt in Südtirol gesehen.

In der Presse dienen diese Tiere nur der Weiterverbreitung von Horrormeldungen, sachliche Berichte und Meldungen zu Schutz und Gefährdung fehlen.

Noch gut kann ich mich an die Hornotternhysterie in den Sechziger Jahren erinnern.

Schweizer Schlangenfreunde hatten in ihrer Heimat Nachtzuchten von Hornottern (Vipera ammodytes) ausgesetzt. Etwas, was man auf keinen Fall tun sollte, da es zu einer Faunenverfälschung führt, welche die heimischen Tiere beeinträchtigen kann.

Bei einer Giftschlange ist es doppelt problematisch, der Aussetzer trägt die Schuld bei einem Bissunfall. Als die ersten dieser Tiere entdeckt wurden, veranstaltete der schweizerische Tierschutzverein ein riesiges Geschrei, welches von der Presse in Deutschland begierig aufgenommen wurde. Plötzlich wurden auch in Deutschland vermeintliche Hornottern gesichtet.

Lebhaft kann ich mich an den Fernsehbericht mit einem Förster erinnern, der eine Hornotter in einem Nistkasten gesehen haben wollte. Bei diesen Boden bewohnenden Reptilien wohl reiner Unfug.

Nach einigen Monaten war das Thema abgegrast und Hornottern wurden in Deutschland plötzlich nicht mehr gesichtet. Wenn es um Schlangen geht, werden die größten Spinner plötzlich zu Experten und so manche Kreuzotter eineinhalb Meter groß.

Schlangenfreunde aus der Schweiz wollten diesem Geschrei ein Ende bereiten und diese ausgesetzten Hornottern wieder einfangen. Da hatten sie aber die Rechnung ohne den Tierschutzverein gemacht. Nachdem die den Skandal richtig ausgeschlachtet hatten, wollten sie plötzlich die Hornottern nicht mehr loswerden und so leben sie noch heute in der Schweiz.

Nach dem am Anfang des Abschnittes geschilderten Erlebnis gingen mir diese Tiere, von denen ich noch gar nichts wusste, nicht mehr aus dem Kopf.

Zu dieser Zeit absolvierte ich gerade meinen Grundwehrdienst und musste mich daher noch etwas gedulden. Sobald ich aber wieder zu Hause war, habe ich mir sofort etwas Literatur über Schlangen besorgt und mich wahnsinnig auf die erste Schlange gefreut.

Bei einem Bummel durch Gießen habe ich dann prompt welche im Schaufenster einer Zoohandlung entdeckt.

Es handelte sich um Babys von ungiftigen nordamerikanischen Strumpfbandnattern und eine davon hat mit mir die Heimreise nach Freienseen angetreten.

Ein Terrarium war schon eingerichtet und das Schlänglein ist in seine neue Heimat eingezogen. Das Kerlchen hat sich dann erst mal in sein Versteck zurückgezogen und ich konnte die nächste Nacht kaum schlafen vor Aufregung.

Meine ganze Aufmerksamkeit gehörte in der Folgezeit meinem neuen Pflegling und ich beobachtete voll Freude ein stetiges Wachstum bei dem Kleinen.

Eigenartigerweise war die Reaktion meiner Bekannten aus dem Dorf wirklich positiv. Nach dem ersten Schrecken, dass da eine Schlange ist, waren die meisten sehr angetan von dem Schlänglein und haben sie auch ohne Scheu angefasst.

Zu dieser Zeit lernte ich auch meine spätere Frau Elke kennen. Als diese zum ersten Mal in mein Zimmer kam, stand sie vor Schreck und Angst gleich wieder vor der Haustür.

Nach viel gutem Zureden hat sie sich doch vorsichtig der kleinen Schlange genähert und sie schließlich nach einiger Zeit auch auf die Hand genommen.

Überhaupt hat diese Schlange sehr viele Menschen für Schlangen interessiert oder ihnen doch die Angst davor genommen.

Das Kerlchen war bunt, in seinen Bewegungen ganz ruhig und es war auch nicht sonderlich groß. Das machte vielen die Annäherung doch wesentlich leichter. Erstaunt stellten die Leute fest, dass so eine Schlange gar nicht glitschig ist und sich angenehm anfasst.

Damals steckte die Haltung von Terrarientieren noch in den Kinderschuhen und Schlangenhalter waren absolut selten.

Nachdem meine Frau sich erst einmal an die Schlange gewöhnt hatte, hat sie sie auch oft in die Hand genommen und es war eine Frage der Zeit, wann die nächste Schlange bei uns einziehen sollte. Sehr schnell waren wir neugierig, wie denn andere Schlangen in ihrem Verhalten sind und hatten uns auch die erste Spezialliteratur angeschafft.

Erst kam aber ein entscheidender Einschnitt in unserem Leben, wir heirateten und zogen nach Weickartshain zu meinen Schwiegereltern. In unserer eigenen Wohnung hatten wir dann auch den Platz für ein zweites Terrarium und bei einem Reptilienhändler haben wir unsere zweite Schlange erworben.

Die erste war ein Fischfresser, aber bei der zweiten mussten wir uns eine Mäusezucht zulegen. Wie das so ist, wenn einen erst einmal die Leidenschaft gepackt hat, kamen sehr schnell noch zwei Boas zur Familie und wir hatten schon einen richtigen kleinen Zoo.

Auch die Geburt unseres Sohnes Wolfgang hat der Haltung von Schlangen keinen Abbruch getan, sind doch Schlangen als wechselwarme Tiere nicht sehr anspruchsvoll in der Pflege. Diese Tiere gewinnen, anders als Säugetiere, ihre Körperwärme nicht aus der Nahrung, sondern aus der Sonnenenergie. Daher ist ihr Bedürfnis nach Nahrung wesentlich geringer. Sie brauchen weniger Futter und machen daher auch weniger Abfall. Das vereinfacht die Pflege ungemein.

Selbst als später über zwanzig Schlangen zu uns gehörten, brauchten wir wöchentlich kaum länger als zwei Stunden für Fütterung und Sauberhaltung. Soviel Arbeit hat man schon mit einem Wellensittich, vom Aufwand für einen Hund gar nicht zu Reden.

Die ersten Jahre hatten wir lediglich Nattern und kleine Boas, bei einem Kleinkind sind Giftschlangen ohnehin tabu.

Aber einige Jahre später war es doch soweit, ein Halter von Klapperschlangen hatte nach einem Bissunfall einen allergischen Schock und musste sich von seinen Tieren trennen. Wir waren zu dieser Zeit Mitglieder in der „Deutschen Gesellschaft für Herpetologie und Terrarienkunde" geworden und einmal im Monat war Treffen im Frankfurter Zoo.

Zu einem solchen Treffen hatte dieser Schlangenpfleger eine Klapperschlange mitgebracht und wir waren von der Schönheit dieses Tieres ganz begeistert. Zwar hatten wir die Jahre vorher immer wieder gesagt „keine Giftschlangen, Nattern und Boas sind doch wunderschön und nicht gefährlich" aber Begeisterung ist oft wesentlich stärker als gute Vorsätze.

Und so haben wir uns auf Anhieb in diese Klapperschlange verliebt und sie ist bei uns eingezogen. Die erste Nacht ging es mir wie bei der ersten Schlange, ich konnte nicht schlafen vor Aufregung. Selbstverständlich war das Terrarium für diese Schlange absolut ausbruchsicher und abgeschlossen. Als Halter von Giftschlangen ist man nicht nur für sich und seine Familie verantwortlich, sondern auch für andere Menschen. Absolute Sicherheit muss gewahrt werden, sonst darf man keine Giftschlangen pflegen.

Selbst ist man die erste Zeit ohnehin kaum in Gefahr, der Respekt vor dem Gift bewahrt einen vor leichtsinnigem Umgang mit den Tieren. Gefährlich wird es erst durch Routine und Gewöhnung. Nach Jahren kann es vorkommen, dass man etwas vom Respekt vor den Giftschlangen verloren hat. Es ist ja noch nie etwas passiert und die Tiere sind so ruhig, dann kann sich leicht eine gewisse Lässigkeit einschleichen. Ständig muss man sein eigenes Verhalten überwachen, damit man der Verantwortung gerecht wird.

Aber erst ging ja alles gut und es war eine Frage der Zeit, wann die nächsten Giftschlangen die Wohnung bevölkerten. Ein uns bekannter Schlangenhalter hatte aus Südfrankreich Aspisvipern mitgebracht und die bunten Kerlchen haben uns gleich gefallen. Zur damaligen Zeit waren die Reptilien in Europa noch nicht geschützt und der Fang für die Terrarienhaltung war kein Problem.

Da es ohnehin überall üblich ist, jede Schlange die sich sehen lässt sofort zu erschlagen, bestanden auch keine Bedenken wegen des Artenschutzes gegen den Fang.

Heutzutage ist es leider so, dass der Fang zwar schwer bestraft wird, dass Totschlagen aber noch allgemein üblich und geduldet ist. Natur-und Tierschutz sind Themen, welche immer noch mehr mit dem Bauch als mit dem Kopf angegangen werden.

Unsere neu erworbenen Aspisvipern haben uns dann auch bald den ersten Schlangennachwuchs beschert. Elf kleine Schlangen kamen zur Welt und machten ihre Pfleger überglücklich. Damals steckte die Zucht von Schlangen noch in den Kinderschuhen und glückte nur selten. So waren wir auch begeistert, wie die kleinen ihre ersten Babymäuse gefressen haben und ein flottes Wachstum zeigten.

Die Kleinen waren so verfressen, dass sie nach allem schnappten, was sich in ihrer Nähe bewegte. Und genau das wurde mir bei einer Fütterung der Tiere zum Verhängnis. Gleich zwei schnappten nach der Babymaus, verfehlten dieselbe und erwischten meinen Finger. Sehr schnell wurde der Finger immer dicker, dann schwoll die Hand an und schließlich der ganze Arm. Meine Frau machte sich gewaltige Sorgen und gab keine Ruhe, ich musste ins Krankenhaus.

Da die Schlangenhaltung wie gesagt noch nicht so verbreitet war und es in unserer Umgebung auch keine nennenswerten Giftschlangenvorkommen gibt, waren die Ärzte ratlos, was mit mir zu tun sei. Nach einem Anruf bei der Giftnotrufzentrale in München bekam ich reichlich Antiserum gegen europäische Vipern und noch so manches, was man für ratsam hielt. Ob durch das Schlangengift oder den wüsten Chemiecocktail, die nächsten Stunden ging es mir gar nicht gut. Durchfall, Brechreiz und starke Schmerzen in Arm und Hand machten mir ziemlich zu schaffen.

Neben mir wurden zwei Mädchen einquartiert, die sich eine Lebensmittelvergiftung zugezogen hatten. Die Pfleger witzelten, ob mein erhöhter Puls vom Schlangengift oder durch die Anwesenheit der jungen Damen verursacht wurde.

Einer dieser Pfleger war ein mir bekannter Schlangenpfleger und so oft er etwas Zeit hatte, kam er bei mir vorbei, um sich über meinen Zustand zu informieren.

Nach einer sehr unruhigen Nacht ging es mir am nächsten Morgen schon wesentlich besser. Nach dem Frühstück wurde ich in den

Hörsaal der Universität gefahren und durfte den Studenten einen Vortrag über Schlangen halten. Anschließend gab es noch eine Abschlussuntersuchung und ich konnte wieder nach Hause fahren.

Elke bestand nun darauf, dass die Giftschlangen abgeschafft wurden. Schweren Herzens musste ich zustimmen, aber wir hatten ja noch einige Nattern und unsere kleinen Boas. Mit den Nattern hatten wir dann den zweiten Nachzuchterfolg. Wir hatten uns zwei herrlich bunte Kornnattern zugelegt und das Terrarium hatte ich ganz natürlich mit tiefem Bodengrund und einigen Pflanzen eingerichtet.

Eines Tages entdeckte ich voll freudiger Überraschung junge Kornnattern im Pflanzengewirr. Unbemerkt hatte das Weibchen Eier gelegt und daraus sind ganz von selbst die Jungen geschlüpft.

Im Gegensatz zu heute waren Kornnattern damals noch schwierig zu bekommen und entsprechend teuer. Mittlerweile werden sie haufenweise in allen möglichen und unmöglichen Farben gezüchtet und sind nicht mehr als Wildtiere anzusehen. Sie sind wohl die ersten Schlangen, die den Schritt zum Haustier geschafft haben.

Ein Jahr später haben wir dann unser erstes Haus gekauft, und ich hatte wesentlich bessere Möglichkeiten für die Haltung unserer Reptilien.

Dieses Haus war über vierhundert Jahre alt, ich konnte mich mit Renovierung und Gestaltung so richtig austoben. Im Garten legte ich meinen ersten Gartenteich an und siedelte einige Grünfrösche und Geldbauchunken an. Diese stammten aus einer Tongrube, welche verfüllt wurde. Damals waren die Forderungen nach Rekultivierung noch sehr unsinnig. Wo sich international geschützte Tiere angesiedelt hatten, musste alles zugekippt werden.

Bevor die Laster kamen und alles begruben, habe ich dann so viel wie möglich eingefangen und an geeigneten Stellen wieder ausgesetzt. Auf meine Frage bei der Naturschutzbehörde, wo ich die Tiere denn aussetzen könnte, wurde mir mitgeteilt, dass sowohl das Fangen als auch das Aussetzen von geschützten Tieren verboten sei. Lediglich das Zuschütten ist legal. Verrückte Welt.

Ich sagte auch gleich zu dem Beamten, dass ich mich daran nicht halten werde und er zeigte auch Verständnis.

Diejenigen Lurche, die ich an meinen neuen Gartenteich setzte, haben sich die nächsten Jahre gut vermehrt und ich konnte immer wieder welche verbotenerweise aussetzen. Sie stammten aus der gleichen Gegend und daher war es keine Faunenverfälschung.

Doch zurück zu den Schlangen.

Die Kreuzottern

Seit den Anfängen meiner Schlangenhaltung hatte ich den Wunsch, Kreuzottern zu pflegen.

In aller mir zugänglichen Literatur wurde geschrieben, dass diese Tiere im Terrarium nicht lange am Leben blieben. Sie benötigen ein Reizklima, welches im Terrarium nicht zu erreichen sei, und werden früher oder später sterben. Meine eigene Erfahrung später hat dieses widerlegt. Über mehrere Jahre hatte ich vergeblich versucht, Kreuzottern zu erhalten und hatte es fast aufgegeben.

Doch eines Tages hatte jemand aus Bayern Jungtiere angeboten, welche ein trächtig gefangenes Weibchen abgesetzt hatte. Selbstverständlich habe ich sofort zugegriffen und vier der Kreuzotternbabys kamen nach Hessen. Hatte ich doch die Hoffnung, dass im Terrarium geborene Kreuzottern vielleicht eher am Leben blieben als der Freiheit entnommene.

Bis zu ihrer Ankunft hatte ich ein Terrarium eingerichtet, welches mit Farnen, Moos und einer kleinen Fichte richtig schön aussah.

Die kleinen Kreuzottern erwiesen sich als zwei Weibchen und zwei Männchen und fühlten sich in ihrer neuen Heimat offensichtlich wohl.

Täglich saß ich vor dem Terrarium und beobachtete die Kleinen, die meist unter einem Wärmestrahler lagen und verdauten. Schon nach kurzer Zeit waren sie überhaupt nicht mehr scheu, ich konnte mich vor dem Terrarium frei bewegen, ohne sie zu beunruhigen.

Im darauf folgenden Herbst habe ich die Vier dann für etwa acht Wochen im Keller ruhen lassen, damit sie ihren natürlichen Lebensrhythmus behielten.

In den nächsten zwei Jahren hatten sich die Kreuzottern sehr gut entwickelt und eines Morgens wurden vier voll entwickelte, aber leider tote, Schlangen abgesetzt.

Im nächsten Frühjahr aber konnte ich mich über zwölf gesunde kleine Kreuzotternbabys freuen.

Das machte mich natürlich sehr stolz, waren es doch die ersten Kreuzottern, die sich im Zimmerterrarium vermehrt hatten. Die Eltern stammten ja von einer trächtig gefangenen Schlange. Einen Teil der Kleinen habe ich nach der ersten Fütterung an Kollegen weitergegeben, mit den anderen habe ich meinen Zuchtbestand vergrößert.

Auch die nächsten Jahrzehnte blieb mir das Glück hold, und viele Terrarianer in ganz Europa bekamen von mir Kreuzotterbabys.

Eine dieser Kreuzottern hat dann auch das für diese Art jemals bekannte Höchstalter von achtzehn Jahren erreicht.

Leider ist sie nach der Winterruhe an einer Lungenentzündung erkrankt, die ich zu spät bemerkte. Zu dieser Zeit war sie noch absolut fit, wer weiß, was für ein Alter sie ohne diesen Zwischenfall erreicht hätte. Als Beleg habe ich den Kerl in Alkohol gelegt und verwahre ihn noch heute.

Giftwirkung

Auf Mäuse wirkt das Gift der Kreuzotter im Verlauf von drei bis zehn Minuten nach dem Biss tödlich. Im Laufe der Terrarienhaltung nahm die Wirksamkeit des Giftes merklich ab und das Sterben der Futtertiere dauerte wesentlich länger als bei Wildtieren.
Oft habe ich die gebissenen Mäuse dann getötet, um ihnen einen langen Todeskampf zu ersparen.
Bei den Nachtzuchttieren war die Wirkung der Bisse so schwach, dass ich die gebissenen Mäuse in der Regel fünf bis zehn Minuten nach dem Biss getötet habe. Ob das Gift in Qualität oder Quantität schwächer wurde, konnte ich nicht untersuchen.
Bisse, die andere Kreuzottern bei der Fütterung aus Versehen abbekommen haben, wurden von diesen ausnahmslos unbeschadet überstanden.
Sie führten lediglich zu einer Schwellung der Bissstelle.
Für den Menschen stellt das Gift der Kreuzotter keine besondere Gefahr dar, selbst Kinder überstehen einen Biss in die Gliedmaßen in der Regel ohne weitreichende Folgen. Es gibt aus Sicherheitsgründen keine Rechtfertigung, eine Kreuzotter zu töten. Solches Tun resultiert in der Regel aus allgemeinem Hass auf Schlangen, Wichtigtuerei oder einfach Dummheit.
Die geringe Gefahr durch das Gift stellt auch kein wirkliches Argument gegen die Haltung der Kreuzotter dar, wenn die einfachsten Regeln zur Haltung von Gifttieren eingehalten werden.
Im Laufe der Jahre habe ich einige Bisse von Kreuzottern abbekommen. Oft durch Unachtsamkeit bei der Fütterung und mehrmals beim Trennen von ineinander verbissenen Jungtieren, meist bei der Zwangsfütterung von Jungen, die nicht fressen wollten. Die Folgen waren stets kurzer, stechender Schmerz an der Stelle des Bisses und leichte Schwellung des Fingers oder der Hand. Nach ein bis zwei Tagen war nichts mehr zu spüren.
Leider blieben bei mir die Bisse auf Dauer nicht ohne Folgen. Nach einigen Jahren hat sich bei mir eine Allergie entwickelt, die mir die

weitere Haltung der Tiere unmöglich machte. Selbst auf das Berühren einer Häutung reagierte ich mit einem juckenden Ausschlag.

Alle von mir gehaltenen erwachsenen Kreuzottern gingen ohne Probleme an tote Mäuse, egal ob aufgetaut oder frisch. Beim Verfüttern von lebenden Mäusen war Vorsicht geboten, da meist mehrere oder alle Tiere nach einer Maus bissen und es dann zu Streitigkeiten um die Beute kam.

Im Freilandterrarium war das Verfüttern lebender Mäuse besonders problematisch, da dabei die Nahrungsaufnahme einzelner Schlangen kaum zu überwachen war. Auf der anderen Seite war das Verhalten bei dem Beutefang im Freiland besonders aufschlussreich, da hier das natürliche Verhalten gut zu beobachten war. Einmal konnte ich dabei beobachten, wie eine gebissene Maus über eine Wasser- und Sumpffläche über sechs Meter nach der Duftspur sofort gefunden wurde. Wie sie die Spur sogar über das Wasser verfolgen konnte, ist mir schleierhaft.

Andere Vipern

In der Zwischenzeit hatte ich mir dann noch Hornottern und auch wieder Aspisvipern zugelegt und hatte auch bei diesen sehr gute Nachtzuchterfolge. Da ich über diese Erfolge einige Berichte in Fachzeitschriften veröffentlicht hatte, wurde ich von einigen Kollegen als der Vipernexperte in Europa angesehen.
Das war natürlich übertrieben, aber ich war sehr erfolgreich mit dem Züchten und viele haben damals von meinen Berichten profitiert.
Viele versuchten, mich zu überreden, ein Buch über die europäischen Vipern zu schreiben. Über den Aufwand eines solchen Buches machte ich mir aber keine Illusionen.
Ich hätte sämtliche Lebensräume dieser Tiere in Europa gründlich untersuchen und eventuelle Unterarten zweifelsfrei bestimmen müssen. Gerade das Bestimmen von Unterarten ist eine sehr heikle Angelegenheit, es war damals nur aufgrund von Unterschieden bei den Körperschuppen möglich.
Dieser Aufgabe fühlte ich mich nicht gewachsen und andere, die später solche Bücher geschrieben hatten, wurden von den „lieben" Kollegen sprichwörtlich zerpflückt. Ein Buch über einen so riesigen Komplex muss zwangsläufig Fehler oder Irrtümer enthalten, und andere, nach ihrer Meinung größere Experten, lauern nur auf den kleinsten Fehler.
Bei der Zwangsfütterung einzelner Vipernjunge, welche nicht fressen wollten, passierten immer wieder mal kleine Unfälle. Eine so winzige Schlange mit zwei Fingern verletzungsfrei am Kopf zu halten und eine frisch geborene Maus in den Schlund zu bringen, war immer ein heikles Unterfangen. Es sind ja nur ein bis zwei Millimeter, die ich von den Giftzähnchen entfernt war und schnell hatte sich ein Zähnchen seinen Weg in meinen Finger gebahnt. Aber zu meiner Überraschung kam es zu keiner anderen Wirkung als einer leichten Schwellung des betroffenen Fingers.
Anscheinend hatte sich durch die Antiserumgabe nach meinem ersten Bissunfall eine Immunität entwickelt, die mich schützte. Selbst

die Bisse kleiner Hornottern, die ja deutlich stärker wirken als die von Kreuzottern, machten mir nichts mehr aus.

Die Futterverweigerung bei einigen dieser kleinen Vipern beruht nicht etwa in der Haltung in Gefangenschaft, sondern im Futterangebot. In der Natur fressen diese neugeborenen Schlangen zuerst kleine Eidechsen oder Frösche, was natürlich im Terrarium nicht zulässig ist.

Außer den europäischen Vipern hatten wir uns noch einige größere Kaliber zugelegt, Gabunvipern und Nashornvipern aus Zentralafrika. Diese Schlangen waren von Zeichnung und Färbung wunderschön, aber tödlich giftig. Was bei der nötigen Vorsicht aber nicht so schlimm ist, da diese Vipern sehr träge sind. Dazu kamen noch Puffottern, welche aber nicht so träge und auch ziemlich angriffslustig waren.

Allerdings haben wir nach einigen Jahren feststellen müssen, dass unsere Vorsicht aufgrund der Routine nachgelassen hatte. Da aber ein Bissunfall mit so einer Schlange mit ziemlicher Sicherheit tödlich geendet hätte, entschlossen wir uns, diese hübschen Mitbewohner abzugeben.

Damals hörte ich von einem unerhörten Fall, der mir die Haare zu Berge stehen ließ.

Eine Familie hatte Urlaub in Marokko gemacht und auf einem Basar eine Schlange angeboten bekommen. Der Händler versicherte den Leuten, diese Schlange sei absolut harmlos und zahm. Weil das Tier so knuddelig aussah, haben sie es gekauft, und nach Deutschland mit genommen.

Sie hatten natürlich auch kein Terrarium, das Tier lebte frei im Zimmer und kroch zum Aufwärmen unter einen Heizstrahler.

Nach der glaubhaften Versicherung der neuen Pfleger war die Schlange immer ganz friedlich und ließ sich ohne Umstände anfassen und auf den Arm nehmen.

Nach etwa einem Jahr wurde ihnen die Fütterung mit Mäusen langsam zu aufwendig und sie wollten die Schlange hergeben.

Dazu haben sie das Tier einem mit uns befreundeten Ehepaar angeboten, die schon eine ganze Anzahl Schlangen pflegten. Und die hat vor Schreck fast der Schlag getroffen. Das liebe, zahme Haustierchen war eine tödlich giftige Puffotter. Es ist unglaublich, dass in der ganzen Zeit nichts passiert ist. Von meinen Puffottern weiß ich, dass diese Schlangen leicht reizbar sind und ohne Vorwarnung zubeißen können. Man kann eben nicht alle Tiere, auch der gleichen Art, über einen Kamm scheren.

Bei einer Fortbildungsveranstaltung in Rotenburg hatte ich noch einmal ein lustiges Erlebnis in Bezug auf Kreuzottern.

Einem Lehrgangskollegen hatte ich von meinen Zuchterfolgen mit den Kreuzottern berichtet und er erzählte davon seiner Frau während eines Telefonats. Dabei sagte er wörtlich „hier ist einer bei mir, dem es als Erstem gelungen ist, Kreuzottern in Gefangenschaft zu züchten". Darauf fragte sie ihn ganz erstaunt „Wie alt ist er dann schon?" Sie hatte die Gefangenschaft der Kreuzottern bei mir mit der Kriegsgefangenschaft der Soldaten Ende des Krieges verwechselt.

Die Folgen eines Bisses von Vipera ammodytes

Am 23.04.2005 um 17 Uhr Biss einer hungrigen Hornotter (Vipera ammodytes vom Skutarisee) in das rechte Daumengrundgelenk. An der Bissstelle waren sowohl die beiden Giftzähne als auch drei weitere Zähne zu sehen. Innerhalb einer Stunde Schwellungen im Gesicht aufgrund einer allergischen Reaktion. Ebenso zunehmende Schwellung der gesamten rechten Hand. Im Verlauf der nächsten Stunden weitete sich die Schwellung über den gesamten rechten Arm aus, und der ganze Körper war von einem stark juckenden Ausschlag überzogen.

Am nächsten Morgen ging der Ausschlag am Körper etwas zurück, die Schwellung der Hand und des Armes hatten sich aber stark erweitert und zeigte sich auf dem ganzen Oberkörper.

Da die Schwellung der Hand und des Armes mittlerweile die Haut stark anspannte, entschloss ich mich am 24.04.05 um 19,30 Uhr das Krankenhaus in Lich aufzusuchen.

Da eine Antiserumgabe aufgrund einer Allergie nicht infrage kam, wurde intravenös Antihistaminika und Cortison verabreicht. Im Verlauf von vier Tagen waren Schwellung und Blutwerte so weit in Ordnung, dass ich die Intensivstation verlassen konnte.

Am 01.05.2005 war die Schwellung fast ganz abgeklungen. Der Daumen war noch unbeweglich und im ganzen rechten Arm hatte ich noch Schmerzen aufgrund der starken Schwellung. Ebenfalls spürte ich immer noch Schmerzen im Bereich der beiden Nieren.

08.05.2005: Der Daumen war immer noch geschwollen und sehr eingeschränkt beweglich. Die rechte Hand noch leicht geschwollen. Die Schmerzen im Bereich der Nieren waren fast unverändert vorhanden. Ein Bluttest ergab leicht erhöhte Werte, die Ergebnisse eines Urintestes liegen noch nicht vor.

20.05.2005: Der Daumen war noch immer geschwollen und noch nicht weiter beweglich.

Die Nieren machten sich sporadisch bemerkbar und im Allgemeinbefinden war ich noch etwas matt. Die Schwellung der rechten Hand ist noch erkennbar.
Lästig sind Schmerzen im gesamten rechten Arm, vermutlich gequetschte Nerven aufgrund der starken Schwellung in den ersten vier Tagen nach dem Biss.

04.06.2005: Der Zustand des Daumens war fast unverändert. Die Nieren schmerzten nur sehr selten. Der Zustand allgemein war schwer zu beurteilen, vermutlich noch leicht beeinträchtigt.
Geschwollen ist nur noch der Daumen.

25.06.2005: Bis auf die Schwellung am Grundgelenk des Daumens und einer beeinträchtigten Beweglichkeit des Daumens sind mittlerweile alle Symptome abgeklungen.
Aufgrund der schweren Folgen, die in erster Linie auf meine Allergie zurückzuführen sind, habe ich mich entschlossen, die Vipernhaltung aufzugeben. Nach gut zwei Jahrzehnten war es ein eigenartiges Gefühl, als die letzten Schlangen das Haus verließen.
Aber zum Glück habe ich ja noch meine Skorpione und die vielen Tiere in unserem Garten und der angrenzenden Natur.

Warane, Frösche, Salamander

Nicht nur Schlangen bevölkerten unsere Terrarien; im Laufe der Jahre pflegten wir neben Schlangen auch Warane, Frösche, Vogelspinnen und Skorpione.

Über eine Zeitungsanzeige erfuhr ich von zwei Bengalenwaranen, die abzugeben waren. Der Besitzer hatte sie als Babys im Zoohandel gekauft und sich kein Bild von der zu erreichenden Größe gemacht. Leider passiert so etwas immer wieder und die Tiere sind die Dummen.

Warane hatten mich schon immer fasziniert, aber da damals noch nicht viel über die Haltung bekannt war, hatte ich es gelassen. Um die beiden Bengalenwarane nicht einem ungewissen Schicksal zu überlassen, haben wir sie übernommen.

Wer einmal einem Waran in die Augen gesehen hat, ist beeindruckt von dem wachen und intelligenten Wesen dieser urtümlichen Echsen. Einige schließen sich in kurzer Zeit eng an ihren Pfleger an und das Verhältnis von Herrn und Waran ist wie bei Hunden.

Diese eindrucksvollen Echsen waren zu dieser Zeit lediglich in einigen Zoologischen Gärten zu bewundern und das auch nur in ganz geringer Anzahl.

Da über die Pflege wie erwähnt noch überhaupt nichts bekannt war, musste ich durch genaues Beobachten herausfinden, wie die Bedingungen für die Tiere sein mussten. Dieses war mir auch gut gelungen und ich hatte die ersten Gelege von Bengalenwaranen in Europa zu betreuen.

Damit war ich aber leider überfordert, niemand wusste etwas über die Bedingungen zum Ausbrüten und die Eier verdarben. In späteren Jahren, mit einer größeren Zahl an Waranhaltern, wurden diese Probleme gelöst und heute werden viele Arten gezüchtet.

Die Bengalenwarane waren trotz ihrer Größe von eineinhalb Metern ganz friedliche Hausgenossen.

Selbst unser Sohn, der gerade einmal fünf Jahre alt war, hatte keine Angst vor diesen Riesenechsen. Bei Sonnenschein hat er mit ihnen auf der Terrasse gespielt und dass, obwohl sie länger waren als er selbst.

Weiterhin pflegten wir noch ein Paar Timorwarane, die zu den Zwergen der Gattung gehören und nicht viel größer als so manche Eidechse werden. Leider wurden diese Zwerge nicht so zahm wie die Bengalenwarane. Ich musste mich zum Beobachten regelrecht an das Terrarium heranschleichen. Auch diese haben nach einiger Zeit Eier abgelegt, die ich aber leider nicht rechtzeitig bemerkt habe.

Mit dem Umzug in unser erstes eigenes Haus musste ich mich leider von den Waranen trennen. Die notwendigen Renovierungsarbeiten waren mit der Pflege von so aufwendigen Pfleglingen nicht zu vereinbaren. Zum Glück hatte sich jemand gefunden, der den Tieren die notwendigen Bedingungen bieten konnte.

Frösche

An Fröschen pflegten wir eine Menge Arten und einige würde ich irgendwann gerne wieder halten. Sehr eindrucksvoll waren die Zipfelkrötenfrösche. Diese Urwaldbewohner wirken durch ihre zipfelartigen Anhänge über Augen und Nase einzigartig. Leider ist die Nachzucht sehr schwierig, die Larven filtern Futterpartikel von der Wasseroberfläche.

Der Frankfurter Zoo züchtet die Art zwar regelmäßig, allerdings ist auch die Aufzucht der frisch verwandelten Fröschlein sehr heikel.

Ein ebenfalls beeindruckender Frosch ist der Schmuckhornfrosch aus Südamerika. Eigentlich ist es ein Maul auf vier Beinen, und alles, was sich in die Nähe wagt und nicht unbedingt größer als der Frosch ist, verschwindet in dem gierigen Rachen.

Elke ist zwar einiges größer als dieser Frosch, aber eines Tages versuchte einer, sie zu verschlingen. Sie kam ihm mit der Hand zu nahe und schnapp, hatte er ihren Daumen im gierigen Maul gefangen. Im ersten Moment haben wir herzhaft gelacht, aber schnell wurde es Elke ganz anders zumute.

Ihr Daumen saß wie in einem Schraubstock fest und der Druck der Zähne des Frosches machte sich schmerzhaft bemerkbar. Zuerst versuchten wir Wasser in das Maul des Frosches laufen zu lassen, das brachte überhaupt keinen Erfolg. Dann versuchte ich mit beiden Händen das Maul zu öffnen, das war wirklich nicht leicht aber schließlich erfolgreich.

Über diesen „schweren" Unfall haben wir noch viele Jahre gelacht. Um Haaresbreite hätte ich bei diesem Frosch die weltweite Erstnachzucht geschafft. Nachdem das Männchen tagelang gerufen hatte, packte es sein Weibchen und umklammerte es über mehrere Tage. Unglücklicherweise haben die beiden den Heizstab des Wasserbeckens zerbrochen und das Weibchen starb durch den Stromschlag.

Leider führen diese sehr schönen Frösche eine versteckte Lebensweise, außer beim Fressen sieht man sie nie. In den letzten Jahren

werden immer öfters Albinos dieser Art angeboten, ich finde die nicht schön, es ist eher ein Zeitgeist.
Erfolgreicher war ich bei den Unken. Bei diesen drolligen Fröschen hatte ich jedes Jahr Hunderte an Nachwuchs und konnte damit auch meinen Gartenteich und die Gartenteiche meiner Freunde bevölkern. Leider ist es nicht erlaubt, gezüchtete Tiere in der Natur auszusetzen, so manches Gebiet könnte wieder mit diesen gefährdeten Tieren besiedelt werden. Da ich die Elterntiere vor der Planierraupe gerettet hatte und es Frösche aus der Region waren, bestand auch nicht die Gefahr einer Faunenverfälschung.
Bei diesen Planieraktionen waren auch eine Menge Kreuzkröten von der Beerdigung bedroht. Diese hübschen Kröten lassen sich aber nur sehr schwer in menschlicher Obhut vermehren, daher habe ich sie an geeigneten Stellen ausgesetzt. Als engagierter Tierfreund und Artenschützer ist es oft unmöglich, sich an unverständliche Gesetze zu halten.
Entweder man schaut zu, wie stark bedrohte Arten vernichtet werden, oder man hört auf sein Gewissen. Mein Gewissen war immer stärker und eine entsprechende Bemerkung bei dem zuständigen Herrn von der Naturschutzbehörde wurde verständnisvoll zur Kenntnis genommen.
Laubfrösche haben wir ebenfalls immer wieder gepflegt, hier ist sogar die Haltung frei im Zimmer möglich. Die Frösche hatten ein eingerichtetes Terrarium, aber die Türen waren offen. So konnten sie sich frei im Zimmer bewegen und bei dem Verlangen nach Feuchtigkeit in das Terrarium zurückkehren. Eines Tages saß so ein Kerl an der Wohnzimmerlampe und war mit einem Sprung plötzlich auf der Nase von Elke gelandet.
Auch Kröten sind angenehme Terrariengenossen, allerdings machen sie durch die notwendigen Reinigungsarbeiten etwas mehr Mühe. Gerade Kröten werden sehr zutraulich und gewöhnen sich schnell an ihren Pfleger. Sie sind aber auch sehr gefräßig und entsprechend häufig ist eine Generalreinigung nötig. Vor der Anschaffung eines solchen Tieres sollte einem das bewusst sein, können Kröten doch bis zu fünfzig Jahre alt werden.

Die Zucht von Kröten erweist sich im Terrarium als schwierig bis unmöglich. Da eine Haltung von Wildtieren ohne die Möglichkeit von Nachzucht an Legitimation verliert, sollte man sich die Haltung von Kröten gut überlegen.

Die einheimischen Arten dürfen ohnehin nicht mehr gepflegt werden, es sei denn sie stammen aus Nachzucht.

In unseren Gartenteichen tauchen immer wieder Wasserfrösche von selber auf, die ich bisher aber immer eingefangen und an geeigneter Stelle wieder ausgesetzt habe. Das Quaken von Fröschen führt sehr oft zu Streitigkeiten unter Nachbarn, das wollte ich mir nicht antun. Grasfrösche und Erdkröten erscheinen jedes Frühjahr an unseren Gartenteichen und laichen hier ab.

Feuersalamander und Molche

Diese Tiere stellen ihren Pfleger vor besonders große und oft unüberwindliche Herausforderungen. Sie vertragen keine hohen Temperaturen und leben sehr versteckt. Temperaturen von über 20 Grad über einen längeren Zeitraum führen zum Tod der Tiere. Wer ihnen keine niedrigeren Temperaturen bieten kann, darf diese Arten nicht pflegen.

Molche können im Frühjahr in reinen Aquarien gehalten werden und das Paarungsverhalten zu beobachten, ist sehr interessant. Gerade die großen Kammmolche sind imposante Tiere. Aber auch Teichmolch und Bergmolch sind in ihrer Wassertracht sehr schön. Alle Arten lassen sich mit kleinen Würmern und anderem Lebendfutter gut halten. Die Aufzucht der frisch geschlüpften Larven ist schon einiges aufwendiger, hier braucht man eine zuverlässige Quelle für Wasserflöhe oder Salinenkrebse.

Sobald die Fortpflanzungszeit vorbei ist, verlassen alle Molche das Wasser und leben an Land sehr versteckt. In dieser Phase verlieren die meisten Pfleger schnell die Lust auf die weitere Haltung, sind die Tiere doch kaum noch zu sehen.

Feuersalamander sind nie im Wasser, nur im Frühjahr setzen sie ihre Larven im Wasser ab. Auch diese Tiere vertragen keine andauernden Temperaturen über 20 Grad.

Als einzige Möglichkeit bleibt die Kühlung des Terrariums mit einem Kühlaggregat oder Schubladen unter dem Behälter mit Kühlakkus.

All dies hat dazu geführt, dass diese Tiere sehr selten gepflegt werden. Da sie alle durch EU-Recht geschützt sind, darf man ohnehin nur Nachzuchten mit den nötigen Papieren halten.

Vogelspinnen und Skorpione

Elke hatte von Anfang an eine starke Abneigung gegen Spinnen, die man schon als Angst bezeichnen kann. Für mich war das Ganze immer unverständlich. Warum hat jemand Angst vor einem kleinen und harmlosen Tier. Aber diese Angst ist ja beim weiblichen Geschlecht weit verbreitet und auch viele männliche Artgenossen sind davor nicht gefeit.

Vermutlich spielt hier der total andersartige Körperbau eine entscheidende Rolle, was so ganz anders ist wie wir, lehnen wir ab. Dieses beweist auch das Kindchenschema, was so ähnlich aussieht, wirkt anziehend und alle rufen „ach wie süß".

Bei Elke wollte ich es mit der Schocktherapie versuchen und habe ihr eine Vogelspinne geschenkt.

Am Anfang begegnete sie der Spinne mit gehörigem Misstrauen, aber als ich eines Tages von der Arbeit kam, hatte sie die Spinne auf der Hand sitzen. Das war für sie ein kompaktes Tier mit richtigem Fell, damit konnte Sie sich anfreunden.

Bei kleinen Spinnen hat sich aber leider nichts geändert, sofort ein Schrei: „Tu das Vieh da weg!".

Es blieb nicht bei der einen Vogelspinne, diese haarigen Riesen hatten es uns angetan und wir hatten später mindestens ein Dutzend in unseren Terrarien. Der Zauber am exotischen Aussehen dieser Achtbeiner verflog aber im Laufe der Jahre, vom Verhalten her sind Vogelspinnen auf Dauer nicht sehr aufregend. Die Viecher sitzen gemütlich in ihrem Terrarium und warten auf Beute.

Das einzig wirklich Aufregende an ihnen ist die Paarung, sie versucht, ihn permanent umzubringen und wenn er einen Fehler macht, ist es um ihn geschehen.

Ansonsten hatten wir immer das Gefühl, eine Gummiattrappe im Terrarium würde den gleichen Zweck erfüllen.

Eines Tages reagierte ich auf die Brennhaare, mit welchen viele Vogelspinnen bei Beunruhigung um sich werfen, mit starkem Juckreiz. Das war der Zeitpunkt, an dem die Vogelspinnen die Wohnung verließen und wir haben ihnen nicht sehr nachgetrauert.

Skorpione

Schon aus dem Silur vor vierhundert Millionen Jahren sind Fossilien von Skorpionen bekannt. Diese Spinnentiere haben sich in der Evolution als überaus anpassungsfähig erwiesen und besiedeln die meisten Regionen der Erde. Leider werden in den letzten Jahren immer mehr Skorpione Nordafrikas als blödsinnige Souvenirs in Kunstharz gegossen und an die Touristen verkauft.
Aus diesem Grund sind diese Tiere in Tunesien und Teilen Marokkos schon selten geworden. Leider habe diese interessanten Gliedertiere keine große Lobby und es sind keine Bestrebungen zu ihrem Schutz zu erwarten.
Auch die vollkommen harmlosen Euskorpius- Arten aus Südeuropa werden immer seltener. Hier ist es in erster Linie der Verbrauch an Landschaft, der diesen Arten zu schaffen macht. Erst in den letzten Jahren erkennt die Forschung langsam das enorme medizinische Potenzial des Skorpiongiftes.
Langfristig lassen sich anscheinend wichtige Medikamente daraus entwickeln. Selbst Mittel gegen die große Geisel der Menschheit, den Krebs, lassen sich auf dieser Basis gewinnen. Hoffentlich sind nicht einige Arten verschwunden, bevor man ihren medizinischen Wert erkannt hat.
Schon während unserer Spinnenzeit hatten wir einige Kaiserskorpione in einem Terrarium und auch bald Nachwuchs von diesen eindrucksvollen Kerlen.
Beim Begriff Skorpion denken viele an giftbewehrte Monster, die uns mit einem Stich ins Nirwana befördern können.
Dem ist bei Weitem nicht so, aus Sensationsmache wird die Wirkung des Giftes bei allen Skorpionarten hochgespielt, dabei sind die großen Kaiserskorpione besonders harmlos. In vielen Büchern steht „Bienenstich-Symptomatik", das ist aber noch weit übertrieben. Außer einem leichten Brennen an der Einstichstelle ist nichts bemerkbar. Selbst die Giftwirkung der als gefährlich anzusehenden Buthiden wird immer wieder übertrieben.

In meinem Besitz habe ich das Buch eines Arztes, der im zweiten Weltkrieg die Soldaten in Nordafrika betreute. Laut seinen Schilderungen kam es zu Tausenden von Skorpionstichen bei den Soldaten, keiner davon hatte ernsthafte Folgen.
Bei Kleinkindern, alten Menschen oder durch Krankheit geschwächten kann das natürlich anders ausgehen.
Nach den Spinnen bevölkerten immer mehr Skorpione unsere Terrarien. Darunter waren auch bald einige der als gefährlich betrachteten Wüstenskorpione. Bei der Pflege stellte sich heraus, dass gerade diese Arten am leichtesten zu pflegen waren und auch wesentlich lebhaften waren als die Kaiserskorpione. Bei den Kaiserskorpionen bereitet die notwendige Feuchtigkeit des Bodengrundes immer wieder Schwierigkeiten. Gerade der Befall mit Milben kann den Pfleger der Waldskorpione zur Verzweiflung bringen.
Aber auch bei den Skorpionen hatten wir ein Problem, was uns auch bei den Vogelspinnen geärgert hatte. Sobald man die Tiere artgerecht hält, gibt es früher oder später Nachwuchs. Ein Teil davon kann man noch an andere Terrarianer abgeben, bei der Menge des Nachwuchses bleibt man jedoch auf einem Teil davon sitzen. Bei Vogelspinnen sind mehrere Hundert Junge bei einem Wurf normal, bei einigen Skorpionen hatte ich aber auch bis zu hundertvierzig Junge bei einer Geburt.
Die Aufzucht der Kleinen ist ziemlich zeitaufwendig und bei den lächerlich geringen Preisen der Importtiere sind die Nachtzuchten kaum loszuwerden.
Sehr reizvoll ist die Paarung der Skorpione, sobald ein Weibchen paarungsbereit ist, tanzen die Tiere stundenlang.
Er packt sie bei den Scherenhänden und ein Geschiebe und Geziehe beginnt. Irgendwann im Verlauf von Stunden oder Tagen trennen sich die beiden dann plötzlich. Schaut man dann genau hin, kann man den Stiel der Spermatophore auf einem Gegenstand entdecken. Das Männchen setzt nämlich auf dem Höhepunkt des Hochzeitstanzes sein Samenpaket auf einem Stielchen ab.

Das Weibchen wird über das Samenpaket geführt und nimmt dieses mit ihrer Geschlechtsöffnung, die auf der Unterseite des Körpers sitzt, auf.

Einige Wochen bis Monate danach kommt es zur Geburt der kleinen Skorpione. Diese sehen erst eher wie kleine Maden aus und krabbeln der Mutter auf den Rücken. Die Mutter kennt genau den Wärme- und Feuchtigkeitsbedarf ihrer Kinder und pflegt sie bis zur ersten Häutung fürsorglich.

Nach der Häutung sind die Kleinen selbstständig und verlassen nach und nach ihre Mutter, um ein eigenständiges Leben zu beginnen. Die ersten Tage werden die Jungen von der Mutter noch als ihre Kinder erkannt und nicht verfolgt.

Dann beginnt für den Pfleger die Arbeit, jedes Junge bekommt ein einzelnes Behältnis und wird über sieben bis acht Häutungen darin gepflegt. Das dieses bei bis zu über hundert kleinen Skorpione einige Zeit in Anspruch nimmt, liegt auf der Hand.

Lediglich die Waldskorpione wie Pandinus imperator bleiben im Familienverband zusammen. Die Jungen gedeihen in der Familie auch wesentlich besser als alleine.

Mehrmals sind wir in die Heimat unserer Pfleglinge gereist, um ihre Lebensbedingungen kennenzulernen.

Bei einer Reise nach Südfrankreich haben wir den Feldskorpion (Buthus occitanus) gesucht. Nach längerer Suche in einem geeigneten Gelände habe ich eine verdächtige Stelle im Boden gefunden. Leichtsinnigerweise habe ich mit dem Finger gefühlt, ob die Höhle tiefer führt. Ein stechender Schmerz bestätigte mir, ich hatte einen Skorpion gefunden.

Obwohl der Feldskorpion im Süden Europas als relativ harmlos gilt, waren die Schmerzen die nächsten zwei Stunden doch beträchtlich. Beim Stich eines Skorpions ist an der Stichstelle kaum etwas zu sehen, aber die Schmerzen sind oft sehr heftig.

Trotz des Unfalls und der Schmerzen habe ich noch einige der Skorpione gefunden und mit nach Hause genommen. Feldskorpione aus Südeuropa sind schwer zu bekommen und ich hoffte, mit diesen Tieren züchten zu können. Damit wurde ich nicht enttäuscht, nach einigen Monaten hatte ich einige Hundert kleine Feldskorpione zu pflegen.

Bei einer Reise nach Namibia habe ich unter anderen Arten auch eine bis dahin unbekannte Unterart von Parabuthus villosus entdeckt. Diese Form zeichnet sich durch einen starken Rotanteil der Färbung und auch größere Tagaktivität aus. Von den vier gefundenen Skorpionen hatte ich bald eine Menge Nachwuchs und alle jetzt im Handel befindlichen und sehr begehrten Parabuthus villosus Oranje stammen von meinen Nachzuchten ab.

Die Schildkröten

Von Kindheit an war es für mich ein gewohnter Anblick, Land- und Wasserschildkröten jeder Größe in den Zoohandlungen als Standardangebot zu sehen. Die Preise bewegten sich je nach Größe und Art zwischen fünf und zehn D-Mark. Vermutlich sind bis zu neunzig Prozent der Tiere die ersten zwei bis drei Jahre gestorben, da das Wissen über die Pflege noch sehr lückenhaft war.
Wahrscheinlich wurden sie aufgrund ihres niedrigen Preises eher als Wegwerftiere angesehen und man machte sich keine Gedanken über die Lebensbedingungen. Kinder sahen die Schildkrötenbabys und fanden sie drollig, nach ein paar Wochen war das Spielzeug langweilig und wurde nicht mehr gepflegt.
Es gab aber auch Ausnahmen. Ein Kriegskollege meines Vaters hatte 1944 eine Landschildkröte von Griechenland in die Heimat geschickt, welche auch heute noch lebt. Und einige ernsthafte Terrarianer haben schon damals Freilandanlagen für ihre Pfleglinge errichtet und die Schildkröten auch gezüchtet.
Doch wirklich besser wurde die Lage erst, als die Schildkröten unter Schutz gestellt wurden und der unkontrollierte Handel ein Ende fand. Leider hat dabei die Bürokratie ungeahnte Ausmaße angenommen. Die Bürokraten bei den entsprechenden Ämtern kennen zwar unsinnige Vorschriften, von den betroffenen Tieren haben sie in der Regel keinen Dunst.
Es ist gut, dass die Zeit der Massenimporte vorbei ist, die Reglementierungen bei den Nachzuchten sind jedoch nicht nachvollziehbar. Und in ihren Heimatländern sind die Schildkröten nicht mehr durch den Fang, sondern durch die Zerstörung ihres Lebensraumes gefährdet. Mittlerweile werden die Griechischen Landschildkröten in solchen Massen gezüchtet, dass ein Import sinnlos wäre.
Auch wir hatten 1974 einige Schildkröten im Garten gehalten, welche wir aber aufgrund eines Umzugs an andere Halter abgaben. Eine davon war etwas merkwürdig, sie fraß am liebsten Fleisch. Wenn wir barfuß im Gras unterwegs waren, mussten wir ständig

auf unsere Zehen aufpassen, dauernd hat sie versucht, hinein zu beißen.

Wie noch berichtet wird, machten wir im Jahr 1983 Urlaub in Rovinj, welches damals noch zum Völkerverbund Jugoslawien gehörte.

In einem Sumpfgelände unmittelbar hinter Rovinj, direkt an der Straße nach Pula, konnten wir eine große Population Sumpfschildkröten (Emis orbicularis) beobachten. Diese Schildkröten teilten ihren damals noch intakten Lebensraum mit einer beträchtlichen Anzahl Ringelnattern.

Etwa zwei Kilometer weiter, in einem ehemaligen Steinbruch, sahen wir weitere Sumpfschildkröten und direkt am Meer, in einem großen Sumpf, noch mal eine große Anzahl davon. Weiter im Land konnten wir noch Scheltopusiks und Zornnattern bewundern.

Zwei Jahre später besuchten wir das Land erneut und fanden den ersten Sumpf am Rande von Rovinj nur noch als mit Müll verfüllte Kloake, in der weder Sumpfschildkröten noch Ringelnattern zu finden waren. Die anderen beiden Vorkommen waren zum Glück noch unberührt und beherbergten noch eine Menge Emis orbicularis.

Zu unserer Überraschung fanden wir auf der Zufahrtsstraße nach Rovinje eine Landschildkröte (Testudo herrmanii), welche gemütlich stadteinwärts marschierte.

Bei einer morgendlichen Exkursion durch das Gelände unweit von Rovinje hörte Elke etwas unter einem Busch rascheln und entdeckte eine Landschildkröte, welche sich in ihr Tagesversteck zurückziehen wollte. Bei der weiteren Suche fand sie noch sechs weitere Schildkröten, welche gerade beim Aufsuchen ihres Schlupfwinkels waren.

Da wir bis dahin noch nie Landschildkröten in ihrem Lebensraum gesehen hatten, waren wir von dem Fund überwältigt. Am liebsten hätten wir die Tiere mit nach Hause genommen, aber wir konnten ihnen bei uns keinen geeigneten Platz anbieten und haben auf die Haltung dieser Landschildkröten verzichtet.

Anders bei den Sumpfschildkröten im ehemaligen Steinbruch. Einige dieser Tiere wollte ich gerne in einer Freilandanlage pflegen und habe versucht welche zu fangen. Eingedenk dem Schicksal der

Schildkröten bei Rovinj hatte ich keine Bedenken wegen Artenschutz, vermutlich würden sie in baldiger Zukunft auch beerdigt. Wie Recht ich hatte, bestätigte sich einige Jahre später. Bei einem erneuten Besuch dieses Steinbruches war alles verwüstet und außer ein paar Gambusen lebte nichts mehr im vermüllten Gewässer.

Das Fangen gestaltete sich jedoch äußerst schwierig, die Sumpfschildkröten waren extrem scheu. Als ich auf einer Luftmatratze über den Teich paddelte, wurde die Fangaktion aber einfach, die aufgescheuchten Schildkröten schwammen mir einfach beim Paddeln mit den Händen in die Finger. Zu Hause habe ich dann ein entsprechendes Freilandterrarium gebaut und auch Nachwuchs von den Sumpfschildkröten erhalten.

Sehr schön war die Aufzucht von kleinen Fransenschildkröten (Mata mata), die mit ihrem bizarren Aussehen unwirklich erscheinen. Am Boden des Beckens wirken sie wie ein Blatt verwelktes Laub und lauern unbeweglich auf kleine Fische. Sobald ein Fisch dem Maul der Schildkröte zu nahe kommt, wird er regelrecht eingesogen. Leider werden diese Schildkröten sehr groß und die weitere Haltung ist nur etwas für ausgesprochene Spezialisten.

Da diese Babys jedoch sehr selten zu bekommen waren, fanden sich diese Spezialisten leicht und die weitere gute Pflege war gewährleistet.

Genauso verhielt es sich mit den Geierschildkröten. Diese Art hat eine bewegliche, wurmartige Zunge. Versucht ein Fisch, diesen Wurm zu fangen, befindet er sich plötzlich im Maul der Schildkröte. Diese Art kann bis zu achtzig Zentimeter lang und neunzig Kilogramm schwer werden und ist daher für ein normales Terrarium zu groß.

Gleich verhält es sich mit den Schnappschildkröten. Als Babys sind sie ebenfalls ganz drollig, nach ein paar Jahren sind es ordentliche Brocken, die wild um sich beißen.

In der Zwischenzeit ist die Pflege von Geierschildkröten und Schnappschildkröten verboten. Immer wieder hatten verantwortungslose Halter die Tiere ausgesetzt. Und da diese Arten ordentlich zubeißen können, hat man vorsichtshalber die Haltung verboten.

Weichschildkröten wiederum sind total anders, statt eines festen Panzers sind sie von einer lederartigen Haut umgeben und extrem beweglich. Meist leben diese Arten in flachem Wasser und haben eine schnorchelartige Nase, um, ohne sich weiter zu bewegen, Luft von der Wasseroberfläche zu bekommen. Versucht man eine Weichschildkröte zu packen, ist man erstaunt, wie schnell und weit sie ihren Kopf nach hinten schleudern und zubeißen kann.

Heute pflegen wir nur noch die anfangs erwähnten Sumpfschildkröten, die können wir im Freilandterrarium halten. Wasserschildkröten im Aquaterrarium machen ziemlich viel Arbeit, das Wasser ist sehr schnell verschmutzt und muss entsprechend häufig gewechselt werden. Außerdem ist die Haltung in einem entsprechend eingerichteten Teich viel natürlicher und durch die Sonneneinstrahlung für die Schildkröten gesünder.

Wichtig ist eine ausreichende Wassertiefe im Schildkrötenteich, damit die Tiere ungefährdet überwintern können. Nach der Winterruhe kommt es sofort zu Paarungen und mit etwas Glück findet man die abgelegten Eier und kann sie Ausbrüten. Die Aufzucht der Jungen macht viel Freude, die Kleinen sind sehr lebhaft und sehen hübsch aus.

Mittlerweile haben wir eine ganz exquisite Landschildkrötenart zur Pflege. Ein Freund von uns ist in einem Zuchtbuch zur Erhaltung von Homopus signatus, einer südafrikanischen Spaltenschildkröte, beteiligt. Durch seine Fürsprache haben wir ein paar junge Schildkröten dieser seltenen Art zur Pflege und Zucht bekommen. Diese winzigen Schildkröten sind unglaublich lebhaft und klettern behände auf den Steinaufbauten herum. Durch ihre Winzigkeit sind dies wohl die einzigen Landschildkröten die sich gut in einem Terrarium halten lassen.

Unsere einheimischen Tiere

Das Rotwild

Wie Anfangs berichtet, hatte mich unser Rotwild schon frühzeitig in seinen Bann gezogen. Wann immer möglich, zog ich als Jugendlicher hinaus, um die Hirsche zu sehen. In den Jahren um 1965 war der Rotwildbestand in den angrenzenden Wäldern noch beträchtlich, beziehungsweise zu hoch. Warum zu hoch?
Das Rotwild war ursprünglich ein Bewohner von ausgedehnten Flussauen und hatte das ganze Jahr reichlich Nahrung in Form von Weichhölzern, Laub und Gräsern. Mit der Ausbreitung des Menschen verlor es seinen angestammten Lebensraum und wurde in die Wälder abgedrängt.
Hier ist das Nahrungsangebot sehr eingeschränkt und die angrenzenden Äsungsflächen stehen ihm, bedingt durch Freizeitverkehr und eine zu lange Jagdperiode, nur in kurzen Nachtstunden zur Verfügung. Dadurch kommt es zu verstärktem Verbiss von Gehölzen und auch Schälen der Baumrinde. Durch dieses Notverhalten wird das Rotwild unfreiwillig zum Waldschädling und Förster und Waldbesitzer wollen es am liebsten ausrotten.
Ob das Abknallen einer Tierart aus Gründen der Profitsucht in einem doch wohlhabenden Land wie dem unseren ethisch vertretbar ist, möchte ich bezweifeln. Aber die Waldökonomen sitzen noch am längeren Hebel und so muss das Rotwild für die Fehler der Menschen büßen. Bis etwa 1968 jedenfalls haben die Grafen von Solms Laubach eine rotwildfreundliche Wild- und Waldbewirtschaftung ausgeübt und der Rotwildbestand war recht hoch.
Der Wald ist trotzdem gut gewachsen, die Theorie der Förster stimmt eben nicht so ganz.
Sehr oft zog es mich schon morgens um fünf Uhr hinaus in den Wald und fast immer konnte ich Rotwild beobachten. Gerade zur

Zeit der Hirschbrunft, wenn die Hirsche zur Paarung in die Gebiete der weiblichen Tiere ziehen, waren diese Ausflüge atemberaubend. Bedingt durch die reichlich vorhandenen Geweihträger vibrierte der Wald geradezu vom Röhren der Hirsche. Besonders wenn sich in meiner unmittelbaren Nähe zwei Kontrahenten anbrüllten, knisterte die Luft vor Spannung und ich fühlte mich in vergangene Zeiten versetzt. Allerdings habe ich mich in meiner jugendlichen Unbekümmertheit oft sehr sorglos verhalten.

Bei einem Ausflug hätte diese Unbekümmertheit für mich um Haaresbreite in einem Desaster geendet. Es wurde gerade langsam hell und der Morgennebel lichtete sich. Auf einer Waldwiese hörte ich heftiges Röhren und pirschte mich vorsichtig näher. Mitten auf der Wiese kämpften zwei Hirsche, das Kahlwild, wie die Weibchen genannt werden, stand im Hintergrund.

Den Umstand, dass die zwei in ihren Kampf vertieft waren, wollte ich ausnutzen und auf Fotoentfernung herankommen. Als junger Lehrling konnte ich mir keine Tele-Objektive leisten und musste daher nahe an das Objekt herankommen. Das Kahlwild hat mich natürlich sofort mitbekommen und hat umgehend die Flucht ergriffen. Die zwei Kontrahenten waren aber so in ihre Auseinandersetzung vertieft, dass sie mich gar nicht bemerkt hatten.

Als ich allerdings auf etwa zehn Meter heran war, hat der erste Hirsch den Kopf aufgeworfen, mich kurz taxiert, und ist abgehauen. Der Zweite hat ebenfalls den Kopf mit dem gefährlichen Geweih gehoben, hat sich dann aber zu mir umgewandt. Er nahm den Kopf herunter und stand mir in Angriffsstellung gegenüber, noch unschlüssig, was er tun soll. Ich selbst habe überhaupt nicht realisiert, was die Stunde geschlagen hatte und stand gebannt dem Hirsch gegenüber.

Dass in diesen Sekunden über mein Weiterleben entschieden wurde, ging mir erst viel später auf.

Den spitzen Geweihenden hätte ich nichts entgegenzusetzen gehabt und er hätte mich einfach durchbohrt. Aber das Schicksal oder der Hirsch hatten anders entschieden, plötzlich sprang er herum und verschwand im Wald. Ein Bild hatte ich aber nicht gemacht, es war einfach noch viel zu dunkel.

So pirschte ich einfach weiter und suchte die nächsten Hirsche. Von überall her war ja noch das Röhren vernehmbar.

Wenn ich heute zur Zeit der Hirschbrunft durch den Wald gehe, höre ich höchstens noch vereinzeltes Röhren, und ich denke wehmütig an die vergangenen Zeiten meiner Jugend zurück.

In meinem jugendlichen Übermut habe ich mich allerdings nicht gerade vorbildlich verhalten. Das Sehen des Wildes stand immer im Vordergrund und ich habe das Wild gewaltig gestört. Was ich zu sehen bekam war dann auch immer schnell auf der Flucht und ich war mir kaum über meine Rolle als Störenfried in der Natur bewusst. Allerdings war ich damals noch alleine als Störenfried unterwegs, heutzutage wimmelt es im Wald davon.

Keiner der Wanderreiter, Jogger, Mountenbiker oder Spaziergänger begreift sich als Störer des Wildes. Und so wird durch verstärkten Freizeitdruck das Wild immer weiter zurückgedrängt und gewaltigem Stress ausgesetzt. Keineswegs will ich den Menschen den Aufenthalt im Wald verbieten. Aber etwas Rücksichtnahme auf unsere Wildtiere sollte man verlangen, auch von Jägern und Forstbeamten. Mit etwas Einfühlungsvermögen gäbe es weniger Wildschaden und das Wild wäre vertrauter.

Manchmal führte mein für das Wild nerviges Verhalten auch zu eigenartigen Erlebnissen.

Am Rand einer Fichtenschonung hatte ein Hirsch seinen Einstand (Aufenthaltsplatz während des Tages) und ich wollte den Kerl immer wieder sehen.

Die ersten fünf- bis zehnmal ist er, wie zu erwarten, immer wieder geflüchtet wenn ich ankam. Dann kam es langsam zu einer sehr seltenen und nicht zu erwartenden Änderung im Verhalten bei dem Geweihträger. Von Mal zu Mal wurden seine Fluchten kürzer und nach einiger Zeit hat er sich nur noch erhoben um mich zu mustern, er ist aber nicht mehr geflüchtet.

Das hätte durchaus zu einer Situation führen können wie bei meinem früheren Erlebnis in der Brunft. Der Kerl war aber extrem gutmütig, vielleicht hat er sich irgendwann über diesen nervigen Jugendlichen nur noch amüsiert. Was wissen wir schon über das Fühlen dieser Tiere. Selbst bei zufälligen Treffen an anderen Stellen im Wald hat er mich sofort erkannt und nicht mit Flucht reagiert.

Über ein ganzes Jahr durfte ich ihn besuchen und erst mit Beginn der nächsten Brunft habe ich ihn langsam aus den Augen verloren. Im nächsten Jahr hatte er einen neuen, mir unbekannten Einstand und mein Erlebnis mit ihm blieb eine einmalige wunderbare Episode.

Immerhin beweist dieses Erlebnis die Lernfähigkeit vieler unserer Wildtiere. Die Angst vor dem Feind seit tausenden von Jahren wurde in wenigen Wochen durch Erfahrung überwunden.

Jahre später wurde dieser Hirsch hoch kapital geschossen und war der stärkste in diesem Jahr in Hessen geschossene Hirsch. Auf der einen Seite war ich natürlich traurig, dass mein ehemaliger „Freund" tot war, auf der anderen Seite war ich stolz, dass er so gewaltig geworden war.

Den Jägern habe ich von diesem Erlebnis nichts erzählt, es hätte mir ohnehin keiner geglaubt.

Meine Frau Elke konnte meine Begeisterung für die Hirsche nicht so richtig teilen, sie kannte diese Wildtiere nur aus Gehegen und Zoologischen Gärten und da sind sie bei Weitem nicht so eindrucksvoll wie in freier Natur.

Eines Morgens im September konnte ich sie überreden, mit mir in den Wald zu gehen, um die Brunfthirsche zu beobachten. Schon am Abend vorher waren wir in das entsprechende Gebiet gefahren und hatten auch einige Hirsche gehört.

Schon bei unserer Ankunft morgens um fünf Uhr früh dröhnte von allen Seiten das gewaltige Schreien der mit Adrenalin angefüllten Hirsche. Von beiden Seiten der Straße röhrten sich die eifersüchtigen Kontrahenten an. Leider kam gerade zu dieser Zeit ein LKW, um Holz an dem Waldweg vor uns aufzuladen, und es herrschte erst einmal Ruhe.

Wir befürchteten schon, der Brunftbetrieb an diesem Platz sei für diesen Morgen beendet und gingen enttäuscht hinter dem LKW her.

Als der Lastkraftwagen sein Holz aufgeladen hatte, blieben wir alleine im nun stillen Wald zurück.

Nach einiger Zeit fingen die Hirsche wieder verhalten an zu rufen, das wilde Röhren von der Zeit vor der Störung stellte sich aber nicht mehr ein. Einige Meter vom Weg entfernt sahen wir einige Beihirsche (kleinere Hirsche, welche dem Platzhirsch die Weibchen streitig machen wollen) unruhig hin und her ziehen. Plötzlich hörten wir etwas im Wald knacken und langsam näher ziehen.

Gebannt gingen wir in die Hocke und warteten auf den Hirsch, der bald vor uns auf dem Weg auftauchen musste. Langsam erschien am Rand des Weges ein gewaltiger Kopf mit einem ebenso gewaltigen Geweih.

Einen solchen Hirsch hatte ich noch nie gesehen, und Elke war ganz aus dem Häuschen. Nach kurzer Zeit stand der Hirsch in seiner ganzen majestätischen Größe vor uns auf dem Weg und blickte in unsere Richtung. Leider war es zum Fotografieren noch nicht hell genug und der Hirsch war nach drei herrlichen Sekunden im Wald verschwunden.

Elke bemerkte spontan „dafür hat sich das frühe Aufstehen voll gelohnt und jetzt kann ich Deine Begeisterung für diese Tiere verstehen".

Leider wurde dieser gewaltige Vierundzwanzigender noch im selben Monat angeschossen und ein Jahr später als Gerippe gefunden. Sein herrliches Geweih hatte aber schon ein Wanderer abgesägt.

Im nächsten Jahr war an dieser Stelle kein Hirsch mehr zu hören und auch sonst war mit der Hirschbrunft nicht mehr viel los.

Zu viel Rotwild war geschossen, der Wunsch nach mehr Profit hatte über dieses wunderbare Naturschauspiel gesiegt. Nur vereinzelt konnten wir die nächsten Jahre noch Hirsche sehen, meist wenn während der Brunft ein Beihirsch sehnsüchtig auch am Tag durch den Wald zog.

Die Rotwilderlebnisse meiner Jugend sind leider für zukünftige Generationen nicht mehr nach erlebbar. Der Rotwildbestand in Deutschland wird weiter abnehmen und irgendwann ist die größte Wildart Deutschlands nur noch in Zoologischen Gärten zu bestaunen. Dann ist das Leben in unserem Land wieder einmal um ein gewaltiges Naturschauspiel ärmer geworden und die Menschen begnügen sich mit Berichten im Fernsehen.

Das diese Ausrottung erst im zwanzigsten Jahrhundert geschehen ist, bleibt unbemerkt.

Leider machen die Medien nur Aufhebens über die Vernichtung von Natur und Tierarten in anderen Ländern, was bei uns passiert, ist keine Meldung wert. Dabei sind es nicht nur die Hirsche, welche in Gefahr sind, eine ganze Anzahl weiterer Tierarten droht zu verschwinden.

Die „Stangensuche"

Seit ich im Wald nach den Hirschen suchte, war es mein Wunsch, einmal die Abwurfstangen der Hirsche zu finden. Die Hirsche werfen jedes Frühjahr ihr Geweih ab, um anschließend ein noch Größeres wachsen zu lassen. Dabei ging es mir darum, ein greifbares Symbol meiner Lieblingstiere zu besitzen. Ich konnte mir im Geiste vorstellen, wie das Geweih im Frühjahr gewachsen ist und den Hirsch über fast ein ganzes Jahr begleitet hat, bis zu den aufregenden Tagen der Brunft, über den entbehrungsreichen Winter, bis zum Abwurf im Frühjahr.

Jedoch hatte ich diese ganzen Jahre kein Glück mit meiner Suche, lediglich die kleine Stange eines Sechsers im geschätzten Alter von zwei Jahren und ein winziges Spießchen waren meine ganze Ausbeute. Und das, obwohl damals noch ein guter Hirschbestand vorhanden war.

Erst viele Jahre später fand ich am Rand einer Wiese eine nennenswerte 'Abwurfstange', die Suche nach der dazugehörigen Passstange blieb aber vergeblich. Das ist meist so, der Hirsch der eine Stange verliert, bekommt einen Schreck und rennt weg. Einige wenige jedoch wollen die zweite Stange, welche nun ein einseitiges Gewicht darstellt, sofort loswerden und schlagen sie mit Gewalt ab.

Das Glück, so etwas zu finden, stellte sich aber die nächsten Jahre nicht ein, trotz intensiver Suche fand ich erst zwei Jahre später die nächste Abwurfstange. Noch mal vier Jahre später kam die Wende und ich hatte den richtigen Blick, diese begehrten Trophäen und Andenken an die Hirsche zu finden. Jetzt brauchte ich gar nicht mehr intensiv zu suchen, meist sah ich sie schon vom Weg aus bei einem Spaziergang.

Darunter waren auch einige Passstangen (beide Stangen) und plötzlich war ich satt.

Nur wenn sich mit dem Anschauen der Abwurfstangen ein intensives Erlebnis verbindet, machen sie mir auch Freude. Wenn dann eine Menge davon herumliegt, verlieren sie ihren Symbolwert und bedeuten mir nicht mehr viel.

Daraufhin ging ich dazu über, die gefundenen Abwurfstangen nur zu fotografieren und lies sie liegen. Sollten sie einem Anderen Freude bereiten, für mich wären sie nur noch einige unter vielen und ein Platzproblem. Verkaufen kam für mich nie infrage, dass würde nicht zu ihrer Bedeutung als Symbol passen.

Aber auch jetzt noch sehe ich mir die mitgenommenen Stangen gerne an und denke an das Erlebnis und die freudigen Gefühle in dem Moment der Entdeckung.

Unglaublich spannend war die Suche im Frühjahr, wenn noch Schnee lag und ich einer verhältnismäßig frischen Spur von Hirschen folgte. Jeden Moment konnte eine der heiß begehrten Trophäen vor mir liegen. Das Pirschen eines Jägers auf das Wild seines Begehrens kann nicht spannender sein.

Die körperliche Aktivität war auch ein bedeutender Faktor, lief ich doch jedes Frühjahr über hundert Kilometer durch den Wald und konnte den Bewegungsmangel des langen Winters ausgleichen.

Der Aufforderung eines hiesigen Försters habe ich stets Folge geleistet und das Rotwild bei der Suche der Abwurfstangen nicht in ihren Einständen (Tagesruheplatz) gestört. Die Wechsel von den Einständen bis zu den Äsungsflächen und die Äsungsflächen selber waren ohnehin ertragreich genug.

Selbstverständlich habe ich die mitgenommenen Abwurfstangen den zuständigen Jägern vorgelegt, der Wilderei wollte ich mich nicht schuldig machen. Es blieb aber immer eine heikle Angelegenheit, der Neid derer, die diese Stange nicht gefunden hatten, trübte immer wieder das Verhältnis zu den Jägern. Selbst wenn diese mich vorher zur Suche aufgefordert haben.

Einmal wurde ich von einem Jäger angesprochen, der mich als erfolgreichen Stangensucher kannte. In dem Revier, wo er jagen durfte, waren drei Hirsche mehrmals gesehen worden. Keiner der berechtigten Jäger hatte Erfahrung mit dem Suchen der Abwurfstangen. Alle waren neugierig, wie die Geweihe der drei entwickelt sind, und ich sollte doch mal suchen. Tatsächlich hatte ich schnell die erste Stange gefunden und dem Jäger gezeigt. Darauf folgte ein

großes Gezeter der anderen Jäger, jeder hätte die Stange gerne selber gefunden.
Daraufhin habe ich in dem Revier nicht weiter gesucht und die anderen fünf Stangen wurden nicht gefunden. Erfolglos durch Neid!
Auch darum bin ich froh, dass diese Zeit, (wenn auch erfolgreich) hinter mir liegt.
Noch etwas Aktuelles zum Schicksal des Rotwildes
Im Jahr 2010 hat Hessen-Forst seine Pläne zur Waldbewirtschaftung und Wilddezimierung konkretisiert und ich habe daraufhin einen Artikel in eine regionale Zeitung setzen lassen, um die Bevölkerung über diese unglaublichen Ziele zu informieren. Daraufhin habe ich etliche zustimmende Zuschriften erhalten, ändern wird sich nichts.
Hier mein Zeitungstext:

10.11.2010

Die versuchte Ausrottung einer Tierart

Nach den aktuellen Zielsetzungen von Hessen-Forst soll das Rotwild in Hessen radikal dezimiert werden. Schon jetzt leben die kläglichen Reste des Rotwildes in isolierten Rotwildgebieten, was sich außerhalb dieser Gebiete blicken lässt, muss abgeknallt werden. Schon diese Situation ist für eine Tierart, welche größere saisonale Wanderungen unternimmt, unverantwortlich.

Mit der jetzigen Praxis werden die Wanderungen unterbunden und es entsteht eine genetische Verarmung der Tiere. Aber selbst die jetzige, für das Rotwild schlimme Situation ist Hessen-Forst nicht radikal genug. Der Rotwildbestand soll noch stark dezimiert werden.

Dabei ist das Rotwild für die von ihm verursachten Forstschäden in keiner Weise verantwortlich zu machen. Durch den Druck der Bejagung und immer stärker werdendem Freizeitverkehr können die Tiere ihrer normalen Nahrungsaufnahme nicht mehr nachkommen und werden den größten Teil des Tages in vegetationsarme Bereiche zurückgedrängt. Wenn sie dann im Winter hier nichts mehr finden, haben sie auch keine Möglichkeit mehr andere Bereiche aufzusuchen, da sie hier erbarmungslos abgeschossen werden müssen.

Die einzige Rettung der Tiere wäre eine ausreichende Fütterung der Hirsche im Winter, aber diese hat die Forstlobby wirkungsvoll unterbunden.

So bleibt den Tieren keine Wahl, sie müssen sich an der Rinde vergreifen, um nicht zu verhungern.

Dabei sind die Ziele von Hessen-Forst rechtlich zumindest fragwürdig.

Es ist verboten, Wirbeltiere ohne vernünftigen Grund zu töten. Der jetzige Wald ist zu Zeiten eines deutlich höheren Rotwildbestandes gewachsen. Damit wird die Begründung, der verstärkte Abschuss diene dem Schutz des Waldes, fragwürdig.

Weiterhin ist die Verfolgung einer Tierart bis zur Ausrottung nicht zulässig.

Durch die strikte Dezimierung der Hirsche in den wenigen Rotwildgebieten, zusammen mit den unterbundenen Wanderbewegungen, entsteht eine genetische Verarmung und das Fortbestehen der Tierart ist akut in Gefahr.

Nur die ausreichende Ausweisung von Ruhezonen und vernünftige Winterfütterung können unser größtes Wildtier retten. Das Rotwild muss als kulturelles Erbe betrachtet werden, welches größten Schutz verdient. Aus rein wirtschaftlichen Interessen eine bedeutende Tierart an den Rand der Ausrottung zu bringen ist mehr als primitiv.

Weiterhin habe ich in einem Zeitungsbericht um ein verantwortungsvolles Verhalten mit unseren Wildtieren geworben.

Auch diesen Bericht möchte ich zur Vervollständigung und als Nachwort zum Rotwildteil einfügen.

Der Oberhessische Jagdverein hat mir für diesen Bericht einen „Ehrenbrief für besondere Verdienste im Naturschutz" überreicht. Von Seiten der in diesem Bericht erwähnter Kreise wurde ich dafür ziemlich übel verleumdet. Es ist die letzten Jahre sehr modern geworden, Jagdgegner zu sein und zweckmäßiger Weise sind diese Leute auch gleichzeitig Wildgegner. Selbst Menschen, die sich dem Tierschutz verschrieben haben, sehen nur die Haustiere und nicht die Wildtiere.

Verirrte Tierliebe

Im Zeitalter von Ökologie, Grünen Parteien, Greenpeace und aberwitzig teuren Tierbefreiungsaktionen (Free Willi und ähnliches) sollte man meinen, dass es mit dem Verhalten unseren Wildtieren gegenüber zum Besten steht. Gegenüber erschlagenen Robbenbabys, Pelzprodukten, asiatischen Hunden und Katzenfellen ist die Allgemeinheit äußerst sensibel und die Wellen der Empörung schlagen hoch.

Demgegenüber ist das tägliche Leid unserer Wildtiere ein absolutes Tabuthema. Aus Gedankenlosigkeit, Egoismus und Fahrlässigkeit werden die frei lebenden Tiere bis zur Vernichtung gequält oder getötet. Dabei ist die Kritik an Anglern und Jägern permanent in unserer Gesellschaft vorhanden. Niemand erkennt, dass lediglich dieser Personenkreis seit Jahrzehnten für den Erhalt der letzten Lebensräume der Wildtiere eintritt.

Natürlich läuft bei der Jagd nicht alles ideal, es gibt solche und solche Jäger. Bei viel zu vielen stehen Neid und Gier sehr weit oben. Doch der eigentliche Tierquäler ist der ganz normale Bürger. Da ist der ach so tierliebe Hundehalter, der seinen Hund in Wald und Feld stöbern lässt. Jeder von ihnen sagt, mein Hund wildert nicht. Jährlich werden in Deutschland Tausende von Wildtieren von Hunden gerissen.

Doch noch schlimmer ist der Stress des Wildes, hervorgerufen durch die Anwesenheit dieses Wolfsnachfahren. Noch Stunden nach der Störung durch einen Hund ist der Puls des Wildes stark erhöht, dass Tier hat einen verstärkten Energiebedarf, den es kaum noch ausgleichen kann. Durch häufige Störungen ist das Wild dann gezwungen, jede erreichbare Nahrung aufzunehmen. Dadurch wird es zum Waldschädling und die Ökologen und Ökonomen fordern seinen Abschuss.

Noch schlimmer ergeht es unseren Kleintieren wie Vögel, Reptilien und Kleinsäuger. Durch eine unvorstellbar große Zahl von streunenden Katzen werden ganze Populationen ausgerottet. Jedes Trockenbiotop in der Nähe von Siedlungen ist in kurzer Zeit von seinen Eidechsen und Bodenbrütern gesäubert.

Von Katzenliebhabern kommt dann das Argument, dass ist alles natürlich, früher gab es ja auch Wildkatzen. Tatsache ist, wo früher zwei Wildkatzen lebten, leben heute etwa dreihundert Hauskatzen.

Gewiss streunt von diesen nicht jede, aber auf jeden Fall mehr, als die Natur ausgleichen kann. Vor allem in der Nähe von Städten kommen noch die direkten menschlichen Störungen dazu.

Mountenbiker fahren quer durch Feld und Wald und stören die Tiere in ihren Rückzugsgebieten. Jogger in der Dämmerung engen die zu kurze Aktivitätszeit des Wildes noch weiter ein und Freizeitreiter verstehen sich als Teil der Natur. Mit dem Pferd und nachlaufendem Hund geht der Ritt quer durch die dichtesten Waldpartien.

Das ist Tierquälerei vom Feinsten.

Was würden diese Leute davon halten, wenn ihnen nachts jede Stunde jemand durchs Schlafzimmer läuft.

Auch die viel zu langen Jagdzeiten und der Stress durch häufiges Ansitzen der Jäger führt zu starken Beunruhigungen und immer scheuerem Wild.

Durch diese ganze Gedankenlosigkeit wird unseren Wildtieren tagtäglich gewaltiges Leid angetan, von dem nur der genau beobachtende Naturfreund etwas bemerkt. Sicher ist es wichtig, dass man gegen die Auswüchse der Massentierhaltung etwas unternimmt. Sicher schreien die Zustände bei den Viehtransporten zum Himmel. Aber das alles ist kein Grund, unsere frei lebende Tierwelt wie den letzten Dreck zu behandeln.

Denken Sie ALLE darüber nach.

Die Feuersalamander

Wer einmal einen Feuersalamander im Wald gesehen hat, ist mit Sicherheit tief beeindruckt von der Schönheit dieser Lurche. Eigentlich passt ein Tier mit solcher Farbenpracht gar nicht in unsere kühle, mitteleuropäische Natur. So etwas Buntes vermutet man eher in tropischen Gefilden.
Die meisten Menschen kennen die Tiere nur als Symbol einer Schuhmarke und werden auch nie einen dieser lichtscheuen Gesellen sehen.
In meiner frühen Jugend waren Feuersalamander noch recht häufig zu finden. Als nachtaktive Tiere sah man sie zwar auch nicht tagsüber herumlaufen, wenn man aber an geeigneten Stellen Holzstücke umdrehte, waren sie regelmäßig zu finden. Dann wurde die Grundwasserentnahme im gesamten Vogelsberggebiet dramatisch erhöht und immer öfter fielen die Bäche im Sommer trocken.
Da Feuersalamander ihre Larven in Fließgewässern absetzen, waren sie von der Wasserknappheit in ihrer Existenz bedroht.
Im Jahr 1980 startete in Hessen eine landesweite Amphibienkartierung und ich wurde für den Raum Gießen und Teile des Vogelsberges als Koordinator eingesetzt.
Dies war die erste planmäßige Erfassung der Amphibienbestände, und das gewonnene Material ermöglichte mir, für die nächsten Jahrzehnte gute Vergleiche in der Bestandsermittlung.
Von dieser Zeit bis heute habe ich die untersuchten Lebensräume immer wieder aufgesucht und Vergleiche zum damaligen Bestand gezogen.
Für den Feuersalamander und die meisten anderen Amphibienarten ist die Bestandsentwicklung seit damals katastrophal. In fast allen von ihnen besiedelten Gebieten sind nur noch Restbestände vorhanden, welche meist unter zehn Prozent der 1980 ermittelten Zahlen liegen.
In allererster Linie hängt das mit dem schwindenden Grundwasser zusammen, eine gewisse Rolle spielt auch die starke Zunahme der Wildschweine.

Diese Allesfresser durchsuchen mittlerweile den gesamten Wald sehr intensiv und alles Verwertbare wird gefressen. Darunter fallen neben den Larven der Hirschkäfer auch viele Feuersalamander.

Über viele Jahre habe ich versucht, den Abwärtstrend aufzuhalten und habe zu diesem Zweck Larven aus austrocknenden Gewässern zu Hause aufgezogen und dann wieder ausgesetzt. Da das sehr arbeitsintensiv ist und nur einen kurzfristigen Erfolg verspricht, habe ich es jetzt aber aufgegeben. Es war ohnehin illegal, da jeder Eingriff nach den geltenden Artenschutzrichtlinien strafbar ist.

Dabei ist es vollkommen egal, ob dieser Eingriff der Erhaltung der Art dient oder ihr schadet. Eigenartiger Weise ist die verstärkte Grundwasserentnahme nicht strafbar, obwohl sie geschützte Tierarten an den Rand der Ausrottung bringt oder darüber hinaus.

In einem Quellgebiet nahe Grünberg hatte ich damals eine Feuersalamanderpopulation entdeckt, in der viele weiße Larven vorkamen. Im Umfeld der Laichgewässer konnte ich aber nie einen weiß gefärbten und fertig entwickelten Salamander finden. Wahrscheinlich waren die Albinos für ihre Feinde so gut zu finden, dass nie welche erwachsen wurden. Leider ist auch dieser interessante Lebensraum der Feuersalamander durch verstärkte Grundwasserentnahme zerstört.

Noch besteht keine deutschlandweite Gefahr für diesen Lurch, aber in vielen Gebieten wird er die nächsten Jahre verschwinden.

Der Flusskrebs

Wie am Anfang geschildert, besiedelte der Flusskrebs sehr viele Bäche und Teiche in unserer Umgebung. Die Krebspest, die Jahrzehnte zuvor ganze Bestände ausgelöscht hatte, war nicht bis in den Vogelsberg vorgedrungen. Diese Krankheit war mit Krebsen aus Amerika eingeschleppt worden und hatte die Edelkrebse in weiten Teilen Deutschlands vernichtet.

Der Anblick dieser gepanzerten Raubritter ist grandios. Mit ihren gewaltigen Scheren und langen Antennen wirken sie wirklich faszinierend. Wer beim Krebs nur ans Essen denkt und nicht genau hinschaut, verpasst wirklich eindrucksvolle Lebewesen. Immer wieder habe ich Krebse im Aquarium oder hauptsächlich im Gartenteich gepflegt und fand sie in Verhalten und Ausstrahlung den Fischen weit überlegen.

Mit dem schon geschilderten Absinken des Grundwassers wurde es auch für die Krebse immer schwieriger. Die Krebse ersticken zwar nicht sofort wie die Fische, wenn kein Wasser mehr da ist; auf längere Zeit können aber auch sie nicht ohne Wasser leben.

So kam es, dass die Krebse von Jahr zu Jahr weniger wurden, von einer flächendeckenden Besiedlung konnte bald keine Rede mehr sein.

Aber es sollte noch schlimmer kommen. Vom Edersee her haben sich die Waschbären innerhalb von drei Jahrzehnten über ganz Hessen ausgebreitet und diesen geschickten Jägern entgeht kein Krebs. Gerade bei Niedrigwasser finden sie alles, was ihnen fressbar erscheint und in den meisten Bächen sind mittlerweile die Edelkrebsbestände bei Null angekommen.

Da keine Tendenzen zu erkennen sind, die Waschbären spürbar zu bekämpfen, werden wir dem Edelkrebs für immer Ade sagen müssen, zumindest in den Fließgewässern. Es gibt sogar „Tierfreunde" die junge gefundene Waschbären aufziehen und wieder der Natur zumuten. Leider entwickeln sich Tierschutz und Artenschutz bei uns immer mehr auseinander.

Tierschutzvereine haben meist nur Haustiere im Auge, der Schutz der Wildtiere spielt dabei keine oder eine untergeordnete Rolle. Lediglich einige Angelvereine haben sich dem Schutz dieser gepanzerten Raubritter verschrieben. Der Besatz mit Edelkrebsen ist zwar ein kostspieliges Unterfangen, das hat aber eine ganze Anzahl von Angelvereinen nicht davon abgehalten, Krebse in die bewirtschafteten Teiche einzusetzen.

Dabei werden die Krebse keineswegs genutzt, es ist eine wirklich selbstlose Maßnahme zum Schutz der Krebse. Daran könnten sich die meisten Organisationen zum Schutz der Natur eine Scheibe abschneiden, sie können aber nur an den Anglern herummeckern.

Hoffentlich schließen sich noch möglichst viele andere Angelvereine dem Besatz mit Edelkrebsen an und machen dieses auch publik. Auf diese Weise könnte der Edelkrebs zumindest in den Teichen gerettet werden und die Angler stünden in der öffentlichen Wahrnehmung um einiges besser da.

Warnen muss ich die Gartenteichbesitzer vor dem Aussetzen von Krebsen aus der Zoohandlung in den Gartenteich. Diese Krebse sind fast immer nordamerikanische Sumpfkrebse und können die Krebspest verbreiten. Es gibt aber Züchter von Edelkrebsen, die Sömmerlinge zum Besatz verkaufen. Die Bestellung von solchen Jungkrebsen ist wesentlich sinnvoller. Diese jungen Krebse bleiben zumindest im Teich und wandern beim nächsten Regen nicht ab.

Der Teich sollte aber Verstecke für die Krebse bieten, während der Häutung fallen diese sonst ihren Artgenossen oder den Fischen zum Opfer.

Fische und Muscheln

Als Kind habe ich sehr viel Zeit an den Gewässern verbracht und hatte bald einen guten Überblick, was in unseren Bächen so lebt. Selbst in kleinen Bächen gab es einen guten Bestand an Forellen, Döbeln, Hechten und vielen anderen Fischen. Selbst Karpfen waren dort anzutreffen. Besonders die unscheinbaren Kleinfische waren in großer Zahl vertreten, selbst der Schlammpeitzger, heute im gesamten Kreis Gießen verschwunden, war in einigen Bächen wie dem Dörnbach recht häufig.
Auch Aale sind immer wieder die Bäche herauf gewandert, sie waren zwar in meiner Jugend schon nicht mehr häufig, aber doch überall anzutreffen. Ein ähnlicher Fisch war das Bachneunauge. Mit viel Glück, war es an strömungsreichen Stellen im Frühjahr zu beobachten. Natürlich war es wieder die Wasserentnahme, welche die Bäche entvölkerte. Gerade bei dem Bachneunauge besteht die große Gefahr, dass in wenigen Jahren von ehemals großen Beständen nichts mehr vorhanden ist. Vermutlich werden sie in Deutschland bald zu den ausgerotteten Tierarten gehören.
Wenn ich heute im Sommer bei Trockenheit die verbliebenen Tümpel in den Bächen absuche, sind es nur noch wenige Arten, die überhaupt noch in geringer Zahl anzutreffen sind. An günstigen Stellen haben sich noch Ellritzen, Wiesenbachschmerle und einige Döbel gehalten, die ganze Artenvielfalt von früher ist aber dahin.
Die Groppe ist auch so ein Aspirant für das großräumige Verschwinden. Dieser seltsame Fisch braucht sehr viel Sauerstoff und ist daher eines der ersten Opfer bei Gewässerverunreinigung.
In meiner Jugend war er noch in fast allen Bächen häufig anzutreffen, jetzt kenne ich nur noch wenige Stellen, an denen ich gelegentlich einen finde. Auch Steinbeißer und Steinforelle teilen aus den gleichen Gründen das Schicksal der Groppe.
Die Flussperlmuschel lebte damals im Seenbach in recht ansehnlicher Stückzahl, seit Jahrzehnten ist sie verschwunden. An einem anderen Bach im Vogelsberg hat man versucht, die Flussperlmuschel durch Besatzmaßnahmen aus Nachtzuchten zu erhalten, leider

ohne Erfolg. Die Bachmuschel hat sich bis heute gehalten, die Bestandszahlen gehen aber auch rapide zurück. In wenigen Jahren wird auch sie ganz verschwunden sein.

An vielen Teichen leben zum Glück noch gute Bestände der Teichmuschel, es bleibt zu hoffen, dass wenigstens diese Muschelart überlebt. Waschbär und Graureiher haben auch davon schon einige Vorkommen als leicht zu beschaffendes Futter entdeckt.

Die Wiesel

Während meiner Kindheit und Jugend konnte ich überall um das Dorf die lebhaften und verspielten Wiesel beobachten. Wo Holz aufgestapelt war oder sich ein Steinhaufen befand, waren sie zu sehen. Manchmal habe ich mich in die Nähe eines geeigneten Versteckes gesetzt und nach wenigen Minuten kam einer dieser possierlichen Minimarder zum Vorschein. Durch ihre gewaltige Neugierde wollen sie jede Veränderung oder Bewegung sofort begutachten. Das wird ihnen oft genug zum Verhängnis, in eine aufgestellte Falle gehen sie ohne Argwohn und bezahlen ihre Neugierde dann mit dem Leben.

Besonders schön war das Beobachten einer Fähe mit ihren Jungen. Die quirligen Kleinen sind bei ihren Spielen so schnell, dass ihnen das Auge nur mühsam folgen kann. Ist der ganze Spuk verschwunden, dauert es meist nur wenige Minuten und irgendwo guckt ein Köpfchen neugierig in die Welt und schnell sind wieder alle im flinken Spiel vereint.

Leider sehen immer noch viele Jäger die Wiesel als Feinde des Niederwildes und stellen ihnen gnadenlos nach. Dabei leben Wiesel in erster Linie von Mäusen. Wenn sie mal einen Junghasen oder ein Fasanenküken erbeuten, ist das nichts gegen die Verluste durch Straßenverkehr und Landwirtschaft.

In den von mir beobachteten Gebieten sind die Wiesel aber verschwunden, obwohl die meisten Jäger das Fangen eingestellt haben. Dieser Rückgang wird in ganz Deutschland festgestellt, über die Ursachen herrscht noch keine Klarheit.

Sicherlich spielen die permanenten Vergiftungsaktionen in Land- und Forstwirtschaft dabei eine große Rolle. Hinzu kommen noch der Verbrauch an Lebensraum und das Beseitigen von Hecken. Gerade das Verschwinden der Hecken beraubt die Wiesel des Schutzes vor Greifvögeln.

Besonders das Mauswiesel leidet in der Nähe von Siedlungsgebieten unter einer immer größeren Zahl von Katzen, welche diesen Minimardern gezielt nachstellen.

Leider bedeutet Tierschutz in Deutschland in erster Linie Schutz der Haustiere, die bedrohten Wildtiere sind dem größten Teil der Bevölkerung nicht so wichtig. Dafür schauen wir mit Argusaugen auf die Völker überall sonst in der Welt, besser sollten wir vor der eigenen Tür kehren.

Unser Wiesel Susi

Trotz meiner anfangs erwähnten Erfahrungen mit der Haltung von großen Wieseln als Haustier hat ein Wiesel sich ganz anders verhalten. Es war der lebende Beweis, dass man nicht alle Tiere einer Art über einen Kamm scheren kann.

Mit Susi begann eine Zeit mit einem ganz ungewöhnlichen Haustier.

Bei dem Versuch, Mäuse als Futter für die Schlangen zu fangen war eines Tages statt einer Maus ein weißes Wiesel in der Falle.

Da ich das schöne Tier meiner Frau Elke zeigen wollte, setzte ich es in einen Käfig mit Schlupfkasten.

Aus Neugierde habe ich das Wiesel einige Tage in dem Käfig gepflegt, aber mit der festen Absicht es wieder in die Natur zu entlassen.

Bald hörte ich beim Füttern ein leises Fiepen und schaute neugierig in den Schlupfkasten. Tatsächlich hatte das Wiesel neun Junge bekommen.

Nun konnte ich das Tier nicht mehr freilassen und brachte sie zur besseren Pflege in einem Terrarium im Wohnzimmer unter.

Das Wiesel war überraschend friedlich und hat Tätigkeiten im Terrarium gelassen hingenommen.

Die Aufzucht war eine sehr vergnügliche Angelegenheit, so kleine Wiesel sind einfach nur goldig.

Als nun die Aufzuchtphase beendet war, haben wir die Mutter und einen Teil der Jungen frei gelassen.

Eines der Jungen haben wir allerdings behalten und nannten sie Susi.

Die ersten Wochen war Susi gelegentlich sehr ruppig und wir mussten einiges an Bissen einstecken. Aber wir blieben standhaft und haben selbst blutende Finger ignoriert und fleißig den Kontakt mit ihr aufrecht erhalten.

Und siehe da, sie wurde immer zutraulicher und hat sich immer mehr an uns angeschlossen.

Irgendwann in dieser Zeit wurde aus dem Einzelgänger Wiesel ein anhängliches Familienmitglied.

Das ist ein riesiger Wandel im angeborenen Verhalten eines Tieres und in der ersten Generation schon gar nicht zu erwarten. Da wir alles im Verhalten von Tieren mit Instinkt erklären wollen, passt es einfach nicht, dass ein Tier, welches von Natur aus ein Einzelgänger ist, sich in erstaunlich kurzer Zeit zum verschmusten Familienmitglied wandelt.

Diese Änderung im Verhalten bei Susi ist für mich auch heute noch ein Rätsel, für das ich keine Erklärung habe.

Am Abend, sobald wir von der Arbeit nach Hause kamen und die nötigsten Hausarbeiten erledigt hatten, kam Susi aus ihrem Käfig. Sie hatte da auch wenig Geduld mit uns und drängelte schon sehr, dass sie endlich raus zum Spielen durfte.

Erst einmal wurde das ganze Zimmer inspiziert, ob sich etwas verändert hatte, dann ging es zum Spielen.

Einer von uns beiden musste immer herhalten, damit der Bewegungs- und Tatendrang abgebaut werden konnte. Danach wurde das gerade aktuelle Lieblingsspielzeug im Zimmer herum getragen. Mit diesem zusammen ging es dann zu Frauchen oder Herrchen, um die dringend benötigten Streicheleinheiten zu empfangen. Davon konnte sie nie genug bekommen und wir mussten sie bis zur totalen Erschöpfung unsererseits streicheln.

Auch liebte sie es, kreuz und quer durch unsere Kleidung zu huschen, um ja ganz nahe bei Frauchen oder Herrchen zu sein. Hatten wir etwas engere Klamotten an, wurde halt mit den Krallen versucht, sich einen Weg zu bahnen. Natürlich blieben dabei auch Spuren auf unserer Haut zurück.

Wenn sie dann genug getobt hatte, ging es meistens zu Frauchen in den Ärmel und da wurde dann in herrlichem Körperkontakt stundenlang geschlafen.

Wollten wir dann auch zu Bett gehen und Susi sollte in ihren Käfig zurück, ging ein großes Gejammere und Gezetere los, bis wir unser Wieselchen vom Ärmel in den Käfig verfrachtet hatten.

So ging das Tag für Tag, Woche für Woche, Monat für Monat und Jahr für Jahr, zwölf Jahre und gut drei Monate lang und wir möchten keine Stunde davon missen.

Ein heikles Thema

Nun komme ich zum heikelsten Thema bei der Beschreibung von Susi. Die meisten Halter von Haustieren neigen dazu, ihre Pfleglinge zu vermenschlichen. Natürlich waren auch wir vor diesem Verhalten nicht gefeit. Ich will einige Verhaltensweisen aufzeigen, in denen Susi von dem Normalverhalten eines Tieres abwich.

Was ist überhaupt das Normalverhalten von Menschen und Tieren? Um in der Natur überleben zu können, muss das Verhalten auf die Umwelt und den Nahrungserwerb abgestimmt sein. Weiterhin ist die Feindvermeidung ein wesentlicher Teil im Verhalten eines Tieres, um im Überlebenskampf bestehen zu können. Dazu kommen noch einige Verhaltensweisen, welche wir nicht ohne Weiteres den oben genannten Punkten zuordnen können.

Bei fast allen Säugetieren kommt als zusätzliche Verhaltensweise das Spielen hinzu, und es ist nicht eindeutig zu klären, welchen Zweck es erfüllt. Als einfaches Lernen durch Spielen kommt es meines Erachtens nicht in Betracht, da es auch bei erwachsenen bis zu alten Tieren täglich vorkommt. Auch die Begründung, es sei ein Training für die Jagd, trifft nicht zu, wird es doch auch von großen Pflanzenfressern wie den Hirschen täglich praktiziert.

Vermutlich ist das Seelenleben der Tiere wesentlich komplexer als sich das die Verhaltensforschung vorstellt.

Susi reagierte sensibel auf jede Abweichung im Tagesablauf, und wir mussten ihr jede Veränderung genau erklären. Beispielsweise musste ich jede zweite Woche an einem Tag länger arbeiten und wir kamen infolgedessen etwa zwei Stunden später nach Hause.

Geschah so etwas unerwartet für Susi, hat sie aus lauter Panik ihren Käfig auf den Kopf gestellt und war sichtlich verzweifelt. Daher mussten wir ihr morgens vor dem Wegfahren genau und deutlich erklären, „wir kommen heute später nach Hause, du musst dir keine Sorgen machen", und schon konnte Wieselchen beruhigt durchschlafen.

Am liebsten hat Elke sie dazu in die Hand genommen, sie sich vor das Gesicht gehalten und ihr alles ausführlich erklärt.

Das klingt sehr unwahrscheinlich, aber wir haben es über zwölf Jahre erlebt und können versichern, dass es keine Einbildung war.
Überhaupt reagierte sie beeindruckend auf Worte und Erklärungen. Ob es der Tonfall der Stimme war oder sie sich bestimmte, immer wiederkehrende Worte merken konnte, kann ich nicht beurteilen.
Viele Halter von Hunden und anderen Haustieren behaupten von ihrem Pflegling „der hört aufs Wort". Dabei müssen wir davon ausgehen, dass Befehle und Aufforderungen von den Tieren gelernt werden und das Verstehen wörtlich zu nehmen ist.
Unser Sprechen und Verstehen ist ja eigentlich auch nur antrainiert und zumindest das Verstehen müssen wir den Tieren zu einem gewissen Maß zugestehen.
Oft mussten wir Susi etwas erklären, damit sie sich auf bestimmte Ereignisse vorbereiten konnte. Wir hatten nie einen Zweifel, dass Susi uns genau verstand und sie hat meistens auch entsprechend reagiert.
Wir haben das Leben mit ihr in vollen Zügen genossen und Suschen war der Sonnenschein in unserem Leben.
Aus meinem sehr reichen Erfahrungsschatz in der Haltung und Beobachtung von allen möglichen Tieren kann ich nur betonen, dass Susi mit einem „normalen Haustier" nichts gemein hatte.
Wenn wir uns auch nicht direkt mit ihr unterhalten konnten, hat sie uns sehr gut verstanden und wir konnten aus ihrem Verhalten und ihrer Gestik sehr viel herauslesen. Sie hat uns buchstäblich die Augen geöffnet über das Seelenleben der Tiere im Allgemeinen und ihres im Besonderen.
Viele, die diese Sätze lesen, werden sagen, jetzt spinnt er endgültig. Vor den zwölf Jahren mit Susi hätte ich genauso reagiert. Selbst mit einem Hund habe ich nicht annähernd einen ähnlichen Dialog auf Gefühlsebene erlebt oder beobachtet.
Durch diese Schilderung begebe ich mich in die Gefahr, als Spinner oder Fantast angesehen zu werden und Leser, die meine früheren Berichte in Fachzeitschriften gelesen haben, werden mich nicht wiedererkennen.

Jahrelang habe ich versucht, von solchen Ansichten frei zu bleiben, die Elke schon am Anfang der Zeit mit Susi hatte. Aber selbst bei nüchterner Betrachtungsweise war ich im Laufe der Jahre bei dem Wiesel ratlos. Alles bis dahin von mir Vertretene über das Verhalten der Tiere löste sich in Luft auf. Heute bin ich der Überzeugung, dass auf der einen Seite die ungewöhnliche Bindung zwischen Susi und uns zu einer ungewöhnlichen Entwicklung bei Susi führte.

Auf der anderen Seite hat uns Susi durch Ihre Verständigung mit uns einen Einblick in einen Teil der tierischen Seele gegeben, welcher der Verhaltensforschung verborgen bleiben muss. Sind die Instrumente der Verhaltensforschung doch über Jahrzehnte fast die Gleichen geblieben und stammen aus einer Zeit, in der noch die „Ware Tier" im Bewusstsein der Allgemeinheit verankert war.

Im Laufe der Jahre hat sich mein Verhältnis zu Susi gewandelt. Immer mehr musste ich erkennen, dass ich es hier mit einem sehr ungewöhnlichen Wesen zu tun hatte.

Unser ganzes Denken und Handeln wurde durch dieses Wiesel bestimmt. So nach und nach hat sie von uns Besitz ergriffen und wir waren ihr hilflos ausgeliefert.

Von morgens bis abends gab es nur eines: Geht es Susi gut?

Unser Freund Rolf Stein hat diese Entwicklung bei Elke von Anfang an mit Sorge registriert, wusste er doch, dass es nach Susis Tod für Elke dadurch nur umso schlimmer wird.

Bei seinem letzten Besuch bei uns, als Suschen noch lebte, hat er mich genauso besorgt angesehen. War doch unverkennbar, dass ich mich im Verhältnis zu ihr genau so entwickelt hatte.

Susi im Fernsehen

Eines Tages bekamen wir eine Anfrage vom Hessischen Rundfunk, ob wir mit unseren Tieren zu der Sendung „Tier und Talk" kommen wollten. Nach einigem Nachdenken haben wir zugesagt, sollten doch auch andere Menschen Susi kennenlernen.
Im Studio angekommen alles irgendwo abgestellt und ab zum Schminken. Zum Glück wollten sie Susi und die anderen Tiere nicht auch noch schminken.
Nachdem die Proben überstanden waren, warteten wir gespannt und aufgeregt auf den Auftritt. Der Stargast des Abends, ein bekannter Filmstar, war zu unserer Beruhigung noch aufgeregter als wir, der hatte ja auch einen Ruf zu verlieren, wir waren anonyme Statisten.
Als es dann losgehen sollte, kam die Horrormeldung, Deutschland hatte seinen ersten BSE-Fall und aufgrund einer Sondersendung mussten wir noch eine halbe Stunde länger warten. Aber dann ging es endlich ab ins Studio, zumindest für alle außer Elke und Susi.
Direkt vor der Studiotür wurde Elke mit dem Wieselchen von dem Regisseur gestoppt.
"Wenn Sie jetzt mit dem Wiesel ins Studio kommen, schauen die ganzen Leute nur noch nach dem Wiesel und die Sendung ist gelaufen". Das konnte Elke nur zu gut verstehen, war Susi doch überall gleich der Mittelpunkt.
Als die Beiden dann an die Reihe kamen, durften sie auch ins Studio. Während der Sendung wurde Susi und ihr ganzer Werdegang ausführlich dargestellt und ein kurzer Film von Susi in der Wohnung vorgeführt.
Daraufhin hatten Elke und Suschen Feierabend und ich musste noch einiges über unsere anderen Haustiere erklären und die Mitgebrachten vorstellen. Im Laufe des Abends hat Susi die Moderatorin noch zweimal gebissen, die konnte einfach nicht glauben, dass ein so süßes Tierchen sich nur von seinen Leuten anfassen ließ. Mitten in der Nacht haben wir dann alles wieder ins Auto verpackt und sind glücklich, dass alles überstanden war, nach Hause gefahren. Es hat

uns beiden aber auch einen Riesenspaß gemacht, nur für Susi war es in erster Linie Stress.

Es folgten noch einige Fernsehauftritte, aber dann wollten wir nicht mehr, um Susi die ganze Aufregung zu ersparen.

Kurz vor Erreichen des zehnten Lebensjahres ging es mit Suschens Befinden unaufhaltsam bergab. Wir hofften inständig, dass sie das zehnte Jahr noch schafft, wollten wir uns doch absolut nicht von unserem Wieselchen trennen.

Bis zum zehnten Lebensjahr konnte sie fast jeden Punkt in der Wohnung erreichen und selbst die Spalte zwischen Schrank und Wand befähigte sie, die höchsten Stellen im Zimmer zu erklimmen.

Auch tagsüber benötigte sie nun keinen Käfig mehr, hat sie doch fast nur noch geschlafen. Wir haben ihr aus Pappe eine Art Laufstall gebaut und sie war nicht mehr in der Lage diese Absperrung zu überwinden.

Früher hätte sie sich über so was nur belustigt und wäre ohne Anlauf darüber gesprungen.

Der einzige Platz, an dem sie sich ab da noch wohl fühlte, war in unseren Händen. Nur wenn wir sie in die Hand nahmen, vergaß sie alle Schwäche und alle Schmerzen und konnte ruhig schlafen. Über zwei Jahre lang mussten wir den Niedergang unseres Wieselchens miterleben und so manches Mal dachten wir, hoffentlich haben wir es bald überstanden.

Im nächsten Moment betrachteten wir dieses süße Geschöpf in unseren Händen und dachten, könnte sie doch ewig bleiben.

Entgegen allen Erwartungen hat sie dann tatsächlich noch das zwölfte Lebensjahr erreicht.

Es geht zu Ende

Dann kam der letzte Tag. Schon um fünf Uhr beim Saubermachen spürte ich, dass es der letzte Tag sein wird. Sie hatte kaum etwas gegessen und wirkte sehr apathisch. Als wir zwei Stunden später aufgestanden sind, war sie schon sehr schwach und Elke sagte zu mir, heute ist der befürchtete Tag.
Elke hat sie dann stundenlang mit sich herumgetragen, da es ihr dann augenscheinlich besser ging. Andauernd musste Elke sie sauber machen, da sie überhaupt keine Kontrolle über ihre Ausscheidungen mehr hatte.
Nach einiger Zeit konnte Suschen ihr Köpfchen nicht mehr halten, und Elke musste sie stützen. Um elf Uhr sagte Elke zu mir „setz dich zu uns und halte die Hand an Ihr Köpfchen, es ist soweit". Sie machte plötzlich das Mäulchen auf und hörte auf zu atmen. Der Körper bäumte sich etwas auf aber die Äuglein leuchteten noch schwach. Um elf Uhr und drei Minuten hörte das Herz auf zu schlagen, das ungewöhnlichste Haustier, das man sich vorstellen kann, war tot.
Wir waren wie gelähmt. Elke hat Suschen noch einige Minuten gehalten und dann auf ein Deckchen auf die Couch gelegt.
Dann habe ich Elke in die Arme genommen und sie hat hemmungslos geheult. Aber auch mir waren die Augen gehörig feucht. Elke hat dann Susis Lieblingsspielsachen um sie gelegt und so blieb sie noch einige Stunden liegen.
Aus lauter Verzweiflung habe ich mir Hacke und Spaten geschnappt und wie ein Verrückter im Garten geschuftet. Aber alle paar Minuten ging ich zum Fenster, um Susi auf ihrem Deckchen liegen zu sehen und noch einige Augenblicke den Anblick der Kleinen in mich aufzunehmen.
Auch wenn der Schmerz jetzt noch sehr groß ist, die Zeit mit Susi war mit die schönste Zeit unseres Lebens.
Wer Genaueres über Susi und ihr Leben mit uns erfahren möchte, dem kann ich unser Buch „Susi oder eine Hand voll Glück" nur wärmstens empfehlen.

Das Mufflon

Immer wieder wird behauptet, die Mufflons stammen von Korsika und Sardinien und hätten in unserer Wildbahn nichts zu suchen. Dabei ist durch Ausgrabungen längst belegt, dass die Art vor etwa zehntausend Jahren große Teile Europas bevölkerte und durch den Wolf und starke Bejagung ausgerottet wurde. Lediglich auf diesen beiden Inseln waren sie durch Wölfe geschützt und konnten bis heute überleben.
Die letzten Jahre gehen die Bestände auf diesen beiden Inseln durch Wilderei stark zurück. Wahrscheinlich werden sie nur auf dem Festland überleben.
Wie eingangs schon erwähnt, hatten die Grafen von Solms Laubach zur Bereicherung von Wildbahn und Jagd Mufflons in den Wäldern zwischen Freienseen und Schotten angesiedelt.
Diese Tiere haben sich sehr gut vermehrt und schon nach einigen Jahren konnte man große Rudel im Wald beobachten. Nach kurzer Zeit war die für den Wald tragbare Dichte überschritten und in speziell dafür gebauten Mufflonfängen wurde eine Menge gefangen und für Besatzmaßnahmen an andere Waldbesitzer verkauft.
Aber immer noch konnte die interessierte Bevölkerung der umliegenden Orte dieses Wild in stattlichen Rudeln beobachten.
Durch Wanderschäfer wurde leider irgendwann die Moderhinke, eine für das Muffelwild tödliche Infektionskrankheit, in den Bestand eingeschleppt. Nach nur wenigen Jahren war der Bestand zusammengebrochen und man konnte kaum mehr Muffelwild beobachten.
Zum Glück hat sich der Bestand in der Zwischenzeit wieder etwas erholt, die letzten kalten Winter haben aber leider wieder ihren Tribut gefordert.
Auch eine verstärkte Bejagung hat jetzt den Bestand sehr stark reduziert. Da die Gesellschaftsjagd im Herbst verkauft wird, soll auch jeder Jagdgast etwas schießen.
Die Bestandspflege spielt dabei wohl keine große Rolle, Hauptsache der Preis stimmt.

Und da immer wieder Wild aus benachbarten Revieren zuwandert, funktioniert das eine ganze Weile.

Vor einiger Zeit habe ich mir selber ein kleines Mufflongehege aufgebaut und kann diese Tiere jetzt täglich beobachten. Von anfangs drei Tieren hat sich der Bestand bei mir schnell auf zehn erhöht.

Daher muss ich mir schon Gedanken über eine Bestandsreduzierung machen.

Ich habe immer darauf geachtet, dass meine Mufflons nicht zahm werden, aber die Angst vor mir haben sie im Laufe der Zeit doch abgelegt. Und ohne diese Angst werden die Widder während der Brunft leider unberechenbar. In nächster Zeit muss ich eine Lösung dieses Problems finden, denn zum Pflegen der Pflanzen ist meine Anwesenheit im Gehege fast täglich erforderlich.

Besonders, wenn im Frühling die Jungen geboren werden, macht das Beobachten sehr viel Freude. Die Kleinen tollen ständig herum und spielen mit den Geschwistern oder auch mit ihren Eltern. Die Widder sind zu dieser Zeit sehr fürsorglich und bewachen ihren Nachwuchs ständig. Die enge Bindung der Jungen mit ihren Müttern besteht weit über ein Jahr. Selbst nach der Geburt des nächsten Jungen nach einem Jahr sucht das vorherige immer noch die Gesellschaft der Mutter.

Die Reptilien

Wie schon geschildert, waren Schlangen zur Zeit meiner Kindheit bei uns sehr selten. Gelegentlich hörte man von gesichteten Kreuzottern, bei genauer Nachprüfung handelte es sich dabei aber fast immer um Blindschleichen. Kurz vor Laubach hatte ich auf der Straße 1965 ein Paar Ringelnattern gesehen, die dem Straßenverkehr zum Opfer gefallen waren. Jahre später haben wir in einem Nachbarort eine Schlingnatter gesehen, dieser Lebensraum wurde aber wie so oft dem Freizeitverkehr geopfert. Auch die Ringelnatterpopulation an der Wetter bei Gonterskirchen schrumpft rapide.

Leider sind Schlangen bei einem Großteil der Bevölkerung immer noch sehr unbeliebt und ihr Verschwinden berührt die wenigsten. Ob es in absehbarer Zeit zu einer Änderung in diesem Verhalten kommt, wage ich zu bezweifeln. Zu groß ist die Abneigung, welche durch das Verhalten der Eltern an die Kinder weitergegeben wird.

Auch die geänderte Praxis der Forstverwaltungen, keine Flächen mehr abzuholzen, sondern einzelne Bäume herauszuschlagen, ist für Schlangen fatal.

Diese Tiere brauchen sonnenbeschienene Flächen, um ihre Körpertemperatur anzupassen. In einem durchgehenden Wald finden sie diese Flächen kaum noch und verschwinden.

Für die Ringelnatter ist das weltweite Froschsterben eine Katastrophe. Diese Schlangen sind auf Frösche als Hauptnahrung angewiesen und Kleinfische als Ersatz werden auch immer seltener. Für dieses weltweite Froschsterben hat die Forschung noch keine befriedigende Erklärung gefunden. Vermutlich ist es ein Mix an schädlichen Umwelteinflüssen und sich verbreitenden Pilzerkrankungen.

Durch unsere globalen Reisemöglichkeiten werden auch Krankheitserreger schnell weltweit verbreitet. Auch hier warten noch viele ungelöste Probleme auf ihre Lösung. Das globale Artensterben wird das dominante Thema der Zukunft werden, ohne ein Gegensteuern wird es ernst werden für eine lebenswerte Zukunft.

Eine überraschende Kreuzotter

In einem „Naturschutzgebiet" bei Gießen, das aber eher ein Naherholungsgebiet ist, habe ich einige Schlingnattern und Ringelnattern sehen können. Bei einer dieser Beobachtungstouren sah ich unter einem Grasbüschel eine Schlange liegen, die ich im ersten Moment für eine Ringelnatter hielt. Bei genauerem Hinsehen entpuppte sie sich jedoch als schwarze Kreuzotter. Dieser Fund hat mich gewaltig erstaunt, waren doch im Bereich um Gießen noch nie Kreuzottern nachgewiesen worden.

Daraufhin habe ich bei allen mir bekannten Reptilienkundigen in der Umgebung nach der Herkunft dieser Schlange recherchiert und kam zu einem verblüffenden Ergebnis.

Ein in Gießen stationierter Amerikaner war bei einem Manöver im Sennelager bei Paderborn gewesen und hatte einige Kreuzottern mit nach Gießen gebracht. Kurze Zeit später wurde er in den Krieg nach Vietnam geschickt und hat seine Kreuzottern in diesem Gebiet bei Gießen ausgesetzt. Es wäre interessant zu wissen, ob heute noch einige existieren und sie sich vielleicht sogar fortgepflanzt haben.

Der Nachweis von Schlangen in einem Gebiet ist immer sehr schwierig, weil diese Tiere sehr verborgen leben und bei der geringsten Beunruhigung sofort verschwinden.

Selbst in Gebieten Bayerns, in denen ich immer wieder Kreuzottern gesehen habe, waren sie nur gelegentlich sichtbar.

Oftmals habe ich kurz nach Sonnenaufgang mehrere Kreuzottern gesehen und dann stundenlang keine Einzige. Da Kreuzottern sehr viele Feinde haben, ist dieses Verhalten für sie überlebenswichtig.

Das erschwert dem Kartierer aber die Arbeit erheblich. Man muss die zu untersuchenden Gebiete sehr oft aufsuchen, um einen genauen Überblick zu bekommen. Leider habe ich bei meinen langjährigen Untersuchungen der Bestände eine stetige Abnahme registrieren müssen.

Viele Lebensräume fielen durch das Wachstum der Bäume weg, aber häufig wurden die überwinternden Schlangen von Wildschweinen ausgegraben und aufgefressen. Leider verschwinden auch etliche durch Wegfangen zur Terrarienhaltung. Das ist besonders verwerflich, da der größte Teil davon im Terrarium stirbt. Wer diese Tiere so liebt, dass er sie im Terrarium halten will, sollte nicht leichtfertig ihren Tod verursachen. Mit Geduld lassen sich auch Nachzuchten der Kreuzotter erwerben, es geht halt nicht von heute auf morgen.

Leider spielt die direkte Verfolgung durch Schlangenhasser oder Überängstliche noch eine bedeutende Rolle beim Verschwinden. Hier hilft nur ständige Aufklärung der Bevölkerung, kontraproduktiv sind übertriebene Zeitungsberichte von Bissen. Im Normalfall verläuft ein Bissunfall mit einer Kreuzotter harmlos, auch wenn Berichte in Zeitungen manchmal das Gegenteil suggerieren.

Der harmlose Verlauf eines Bissunfalles ist für die Berichterstatter nicht interessant, also wird gerne etwas dazu erfunden. Bei eigenen Recherchen und denen von Bekannten nach solchen Unfällen stellte sich die Wahrheit meist ganz anders dar, als in der Zeitung berichtet.

Eidechsen

Eidechsen gab es während meiner Kindheit noch überall zu bewundern, mittlerweile sind sie wie fast alles andere an Wildtieren deutlich seltener geworden. Immer mehr Spritzmittel in Landwirtschaft und Gartenbau sowie eine immens steigende Zahl an herumstreunenden Hauskatzen haben ihren Bestand stark reduziert.

Leider hört bei den meisten „Tierfreunden" die Tierliebe bei ihren Haustieren auf, die Wildtiere haben nur eine kleine Lobby. Bei dem Bau unseres Hauses in Freienseen haben wir großes Augenmerk auf eine sür Eidechsen freundliche Gartengestaltung gelegt.

In der Zwischenzeit ist unser Garten zum Zentrum einer wieder recht guten Eidechsenpopulation geworden.

Die häufigste Eidechse ist bei uns die Zauneidechse, wobei das Wort häufig sehr relativ zu sehen ist. Aber unter den wenigen noch lebenden Eidechsen kommt sie am häufigsten vor. Die Sumpfeidechse ist im Gegensatz zur Zauneidechse lebendgebärend und kommt in feuchteren Lebensräumen vor.

Die Blindschleiche wird von vielen als Schlange angesehen, es ist aber eine lebendgebärende Eidechse, die bedingt durch ihre versteckte und halb unterirdische Lebensweise die Beine zurückgebildet hat. Sie ernährt sich in erster Linie von Nacktschnecken und nimmt damit eine Sonderstellung unter unseren Reptilien ein.

Durch diese Art der Nahrungsbeschaffung ist sie durch den unüberlegten Einsatz von Schneckenkorn genau wie die Igel gefährdet.

An einigen, klimatisch begünstigten Stellen kommt noch die Mauereidechse vor. Eigentlich ist sie ein Bewohner der Mittelmeerländer. In Folge der Klimaerwärmung wird sie sich vielleicht noch weiter in Deutschland ausbreiten.

Die Rabenvögel

Mit den Rabenvögeln komme ich zu einem heiklen und kontrovers diskutierten Thema unserer heimischen Tierwelt. Zur Zeit meiner Jugend wurden diese von den Jägern stark bekämpft, und der Kolkrabe wurde dabei in großen Teilen Deutschlands ausgerottet. Dann kam der große Umschwung, sie wurden alle unter Schutz gestellt und haben sich prächtig erholt. Damit könnte man meinen, alles sei in bester Ordnung und das Thema ist keines mehr.

Rabenkrähen
Leider haben gerade die Rabenkrähen den Spieß umgedreht und sind schon fast eine Geißel für viele andere Tiere geworden. Durch ihre hohe Intelligenz und Anpassungsfähigkeit haben sie sich so stark vermehrt, dass sie andere Tierarten in ihrer Existenz bedrohen. Zum einen fallen ihnen sehr viele junge Feldhasen zum Opfer, aber besonders die Verluste an Jungvögeln und Gelegen sind sehr schmerzhaft.

Die letzten Jahre haben sie zudem die zu ihren Leichgewässern wandernden, Amphibien als Nahrungsquelle erkannt. Selbst die giftigen Erdkröten werden zu tausenden auf der Bauchseite aufgehackt und ausgefressen. Zusammen mit den enormen Verlusten durch den Straßenverkehr wird das fatal für die Amphibienbestände.

Eigentlich liebe ich diese klugen Vögel, durch ihre Neugierde macht das Beobachten sehr viel Spaß. Bei einem Rohbau in unserer Nachbarschaft hatten meine Frau und ich einmal sehr viel Vergnügen mit einer Krähenfamilie. Die hatten sich zu siebt vor einer Glastür versammelt und spielten mit ihren Spiegelbildern. Dabei waren sie so aufgeregt, dass einige auf dem Rücken lagen und mit den Beinen in der Luft strampelten.

Das hört sich nicht nur unglaublich an, es war wirklich zum Kringeln. Nach solchen Beobachtungen kann man diesen Vögeln kaum böse sein, leider ist es nur die eine Seite der Medaille. Als Tierfreund hat man so manches Mal seine Schwierigkeiten mit den Gegebenheiten in der Natur. Zum Glück muss nicht ich die Bestände regulieren, ich hätte meine liebe Not damit.

Elstern

Auch dieser Singvogel hat sich schnell zum Kulturfolger entwickelt und nistet mittlerweile in Dörfern und Städten in großer Dichte. Gerade zur Brutzeit entgeht ihnen kaum noch ein Vogelgelege und das Gleichgewicht der Arten ist stark gestört.
Zum Thema Elstern habe ich einen Leserbrief veröffentlicht, der eine große Resonanz hervorgerufen hat.

Der Vogel des Jahres

Es ist wieder mal soweit, letztes Jahr wurde vom Nabu der Kormoran zum Vogel des Jahres gekürt, dieses Jahr hat der Gartenrotschwanz die Ehre. In seinem Infoblatt „Naturschutz Heute" werden die Gefahren für diesen Vogel erläutert. Nur, stimmt das alles so? Seit Jahrzehnten beobachte ich unter anderem den Garten- und Hausrotschwanz und kontrolliere den Bruterfolg. Achtzig Prozent der beobachteten Bruten wurden von Elstern vernichtet. Davon konnte ich in dem Infoblatt des Nabu nichts lesen.
Passt das nicht in die Ideologie? Wer Wahrheiten verschweigt, macht sich auf Dauer unglaubwürdig. Der Zweck heiligt hier keinesfalls die Mittel. Immer wieder wird behauptet, die Räuber werden durch das Angebot an Futter reguliert.
Das hat vielleicht in einer Zeit funktioniert, als vieles von dem Futter noch nicht auf der roten Liste der vom Aussterben bedrohten Arten stand. Wir Menschen haben in der Natur tiefgreifende Veränderungen bewirkt. Jetzt so zu tun, als könnte sich irgendetwas in der Natur noch selber regulieren, ist unrealistisches Wunschdenken.
Der Vogel des letzten Jahres, der Kormoran, hat stellenweise den Eisvogel zum großen Verlierer gemacht. Im Winter, wenn alle stehenden Gewässer mit Eis bedeckt sind, kommt der Kormoran an die Flüsse. Hier ist er dem Eisvogel in der Fangtechnik weit überlegen. Er fängt zwar nicht die für den Eisvogel notwendigen Kleinfische, aber oft deren Eltern. Ellritze, Steinbeißer, Koppe und andere Kleinfische sind sehr selten geworden. Daher ist der Eisvogel immer häu-

figer auf die Jungen von Döbel und Rotauge angewiesen. Und genau diese Arten erwischt der Kormoran bei seinen Fangaktionen im Winter.

Die kluge Elster hat sich zum Kulturfolger ersten Ranges entwickelt und hat keine regulierenden Mechanismen der Natur mehr zu fürchten.

Keines Falles will ich die Aktivitäten des Nabu in Frage stellen, aber alles in der Natur durch die rosa Brille zu sehen, hilft den Tieren nicht weiter.

Kolkrabe

An diesem höchst intelligenten Vogel habe ich nichts zu bemängeln. Nach dem er fast ausgerottet war, hat er sich wieder gut erholt und ich kann jedes Frühjahr einige Brutpaare beobachten. Diese Vögel haben sich aber, im Gegensatz zu den vorgenannten, noch nicht zu Kulturfolgern entwickelt und entsprechend vertretbar ist ihr Bestand. Selbstverständlich fällt ihnen auch so manches Tier zum Opfer, das ist jedoch durchaus zu verschmerzen. Die Populationsdichte hat bei weitem noch keine kritische Marke erreicht und das ist vorerst auch nicht zu erwarten.
Leider gibt es schon wieder einige Jäger, welche Kolkraben abschießen. Vermutlich sind die Kolkraben intelligenter als diese Dummköpfe. Auf ein so hochintelligentes Tier zu schießen, weil es an der Wildfütterung etwas nascht, ist der Gipfel von Ignoranz und Lebensverachtung. Bleibt zu hoffen, dass die Mehrzahl der Jäger diesem unrühmlichen Verhalten nicht folgen und die Rückkehr des Kolkraben gesichert ist.

Die Eichelhäher

Dieser bunte und vorlaute Rabenvogel fällt zuerst durch sein Geschrei bei einem Waldspaziergang auf. Einen großen Teil des Jahres ernährt er sich von Früchten und Sämereien. Zur Brutzeit der Vögel wird er allerdings zum gnadenlosen Nesträuber. Da er aber anscheinend noch kein Kulturfolger geworden ist, hat sich sein Bestand weder nach oben noch nach unten dramatisch verändert. Wenn ein Jäger welche zum Schutz der kleinen Vogelarten wegschießt, bleibt das auf den Bestand ohne große Folgen.
Die anderen Arten wie Nebelkrähe und Dohle spielen bei uns keine so große Rolle. Territorial kann aber die Nebelkrähe genau so verheerend wirken wie bei uns die Rabenkrähe.
Durch unsere Nutzbarmachung der Natur haben wir alle steuernden Mechanismen im Zusammenleben der Arten stark beeinflusst oder zum Teil außer Kraft gesetzt. Daher sind wir gezwungen, zum Schutz der bedrohten Arten in die Menge der von uns profitierenden Arten einzugreifen.
Wenn Rabenkrähe und Elster sich unter dem Schutz der Zivilisation explosionsartig vermehren, sind wir zum Eingreifen verpflichtet. Einfach zu sagen, das ist Natur, ist ziemlich simpel.
Wie haben das Gleichgewicht gestört und müssen es irgendwie intakt halten. Ansonsten ist eine weitere Verarmung in der Natur nicht zu verhindern. Sich nach Gutmenschenart passiv zu verhalten, bedeutet, jede Verantwortung über die Folgen der Zivilisation auf die Tiere abzuschieben.
In der Folge würden die Schwachen zu den Verlierern zählen und die uns Angepassten wären die Gewinner.

Reisen in die Heimat unserer Pfleglinge

Um unseren Pfleglingen die bestmöglichen Bedingungen bieten zu können, haben wir immer wieder die Lebensräume der Tiere aufgesucht.

Leider mussten wir in allen diesen Ländern die gleiche oder eine noch größere Zerstörung der Lebensräume feststellen als bei uns. Die wachsende Bevölkerung und ein sich änderndes Freizeitverhalten drängen überall die Natur mit ihren Tieren zurück.

Frankreich
Die ersten Urlaube mit dem Ziel, Schlangen zu beobachten, führten uns in den Süden Frankreichs. Stundenlang durchstreiften wir die Macchia in der Hoffnung, Schlangen zu finden. Die erste war eine Eidechsennatter, welche wie der Blitz in einer Lesesteinmauer verschwand.

Da wir an diesem Platz mehrere Häutungsreste dieser Schlangen fanden, mussten einige davon hier leben. Tatsächlich habe wir dann auch noch weitere fünf davon gesehen und zusätzlich eine Treppennatter. Letztere habe ich auch gefangen und mit nach Hause genommen. Leider ist es mir trotz aller Nachforschungen nicht gelungen, einen Geschlechtsgenossen für das Tier zu finden und sie ist viele Jahre später, ohne uns Nachwuchs beschert zu haben, gestorben. Damals gab es noch kein Internet und die Verbindung zu anderen Terrarianer war spärlich. Entsprechend schwierig waren Kontakte zum Austausch von Tieren zu knüpfen.

Bei unserem nächsten Urlaub in Frankreich an der gleichen Stelle gelang es mir, ein Paar der Eidechsennattern zu fangen. Das war gar nicht so einfach, sie sind pfeilschnell und verschwanden bei meiner Annäherung sofort in den Lesesteinmauern. Aber mit viel Geduld hat es dann doch geklappt und die Schlangen zogen nach Deutschland. I m Terrarium haben sie sich gut eingelebt und auch ihre ungestüme Art abgelegt. Viele Jahre später haben wir diesen Platz erneut aufgesucht und die Natur war gründlich ruiniert. Das ganze Gelände wurde als Motocross Strecke missbraucht und von Schlangen oder Eidechsen war nichts mehr zu sehen. Dafür sahen wir eine Menge Hülsen von Schrotpatronen. Nach mir waren wohl effektivere Schlangenjäger am Werk.

Besonders eindrucksvoll war auch das Zusammentreffen mit den Perleidechsen. Diese größte europäische Eidechse sieht mit ihren blauen Flecken wunderschön aus und wirkt auch durch ihre Größe beeindruckend. Zum Photographieren habe ich zwar einige gefangen, dann aber sofort wieder freigelassen. Solch ein flinkes Tier wollte ich nicht in ein Terrarium setzen.

Eine Schlange ist durch ihre ruhige und zurückgezogene Lebensweise sehr gut für die Terrarienhaltung geeignet, eine Eidechse, welche ständig eine größere Fläche durchstreift eher weniger. Bei den meisten Schlangen, welche ich pflegte, hatte ich nicht das Gefühl, dass sie sich eingeengt fühlten. Nach Jahren intensiver Beschäftigung mit den Tieren kann man sehr wohl einschätzen, wie sich ein Tier fühlt.

Bei einem „Pfleger" sah ich einmal einen Taipan in einem Terrarium sitzen. Schon beim ersten Blick in die Augen dieses herrlichen aber auch hochgiftigen Geschöpfes erkannte ich das Unglück dieser eingesperrten Schlange. Ausgesprochen intelligente und bewegungshungrige Tiere wie der Taipan und die Schwarze Mamba wirken in ihrem Lebensraum ungemein beeindruckend, in Gefangenschaft aber nur todunglücklich. Der wirkliche Tierfreund freut sich bei jeder Gelegenheit diese Tiere in Freiheit zu beobachten, er wird sie aber in Ruhe und Freiheit lassen.

Nicht nur beobachten oder fangen machte den Reiz dieser Urlaube aus. Das Streifen durch die Macchia mit ihren besonderen Gerüchen und das Zirpen der Zikaden lassen ein besonderes Gefühl von Süden und Natur aufkommen. Allerdings können die Gerüche auch anderer Natur sein.

Außer Natur und Tieren haben wir auch kulturelle Ziele nicht außer Acht gelassen, und besonders Elke konnte keine Ruine und keine Tropfsteinhöhle links liegen lassen. Bei der Fahrt mit dem Motorrad zu einem verlassenen Kloster im Süden Frankreichs bemerkten wir einen für unser Empfinden geradezu atemberaubenden Gestank. Als wir uns genau danach umsahen, stellten wir fest, dass wir durch kilometerweite Knoblauchfelder fuhren.

Bei diesen Reisen durch den Süden Frankreichs haben wir die Vorzüge des Motorradurlaubes kennengelernt. Im Auto ist man isoliert und spürt kaum etwas von Klima und akustischen Eindrücken. Besonders auch die Kameradschaft und Hilfsbereitschaft unter den Motorradfahrern, sind im Urlaub nicht zu unterschätzen.

Bei einer Tour durch das Zentralmassiv kamen wir mit der Karte nicht klar und wussten nicht, wie es weiterging. Da blieb ein französischer Motorradfahrer stehen und fragte nach unserem Ziel. Da die Erklärung der Strecke zu umständlich war, ist er einfach dreißig Kilometer vor uns hergefahren und hat uns ans Ziel gebracht.

Auf einer Tour mit Freunden entlang der Küstenstraße sahen wir auf der Gegenfahrbahn ein englisches Motorrad stehen, dessen Fahrer offensichtlich ein Problem hatte.

Also schnell kehrt gemacht und gefragt, wo der Schuh drückt. Da Motorräder damals meist keine Tankuhr hatten, hatte er seinen Tank leer gefahren. Unser Begleiter hat blitzschnell den Tank seiner Maschine abmontiert und dem englischen Kollegen einige Liter Benzin in den Tank gekippt. Damit konnte der dann bis zur nächsten Tankstelle kommen.

Leider hat mit dem sehr starken Anstieg der Motorradfahrer proportional die Hilfsbereitschaft untereinander in den nächsten Jahren abgenommen.

Früher war unser Domizil im Süden Frankreichs der reizende Ort „Cap de Agde". Dieses Städtchen hatte damals noch ein wunderschönes südländisches Flair. Abends am Jachthafen zu bummeln und in den reizenden Bistros einen Rotwein oder ein erfrischendes Bier zu genießen, war herrlich.

Bei einem Besuch viele Jahre später war von alledem leider nichts mehr übrig. Alles wirkte heruntergekommen und schmutzig. Von hier aus haben wir viele unvergessliche Touren zu den unzähligen Sehenswürdigkeiten dieser Region gemacht.

Sri Lanka 1984

Unsere erste große Auslandsreise führte uns nach Sri Lanka.
Unsere Freunde Marion und Rolf Stein hatten uns von ihrer Reise nach Sri Lanka, dem früheren Ceylon, berichtet. Angesteckt von diesem Bericht und Rolfs sagenhaften Dias wollten wir dieses Land und seine Tierwelt gerne kennenlernen.
1984 war es soweit und ein Flug nach Colombo, der Hauptstadt von Sri Lanka, war gebucht. Um das Land gründlicher als die meisten Pauschaltouristen kennen zulernen, hatten wir bei einem in Colombo lebenden Ehepaar die erste Übernachtung gebucht. Alles Weitere wollten wir per Bus und Bahn erkunden. Nach dem unvermeidlichen Flug von zwölf Stunden landeten wir erschöpft aber brennend neugierig in Colombo und wurden von einem Bediensteten von Rita und Daja in Empfang genommen.
Rita ist eine Schweizerin und mit Daja, einem Singhalesen, verheiratet. Zusammen betreiben sie ein kleines Hotel in Colombo, ein großes in Nuwara Eliya war damals noch im Bau.
Am nächsten Tag haben wir uns erst einmal Colombo angesehen und einen ersten Eindruck von dem Land und seiner Bevölkerung gewonnen. Für einen Europäer sind die Eindrücke in einem solchen Land einfach nur exotisch. Die Farben der Kleidung der Menschen, die Gewürzbuden mit ihren überwältigen Gerüchen, die Klöster und Tempel in ihrer Farbenpracht, dies alles ist erst einmal überwältigend.
Dazu kommt der für uns unwahrscheinlich chaotische Straßenverkehr. Alles fährt wild durcheinander, es herrscht ein wildes Gehupe und die Fahrzeuge wirken oft nur abenteuerlich. Anschließend sind wir per Bahn über Kurunegala nach Anuradhapura gefahren. Diese Stadt mit ihren zweitausend Jahre alten Tempelanlagen, Heiligtümern und Palästen ist alleine schon eine Reise wert.
Besonders die eigenartigen Stupas wirken sehr eindrucksvoll. Das sind halbrunde Ziegelgebäude von enormer Höhe, welche die Umgebung von Anuradhapura beherrschen. Die Besichtigung all der hier versammelten Heiligtümer ist sehr interessant aber auch an-

strengend. Ist das Betreten der heiligen Stätten doch nur barfuß gestattet und die Steine können enorm heiß werden.
Von Anuradhapura ging es am nächsten Tag weiter per Bahn über den Elephant Pass nach Jaffna. Bei der Ankunft in Jaffna wurde uns deutlich bewusst, dass das Land mitten in einem Bürgerkrieg war. Schon beim Aussteigen aus dem Zug waren überall bewaffnete Soldaten, welche uns misstrauisch beobachteten.
Aber wir wollten ja noch weiter und haben uns einen Bus gesucht, der uns nach Point Pedro, der nördlichsten Spitze von Sri Lanka, bringen sollte. Die Reise in solch einem Bus ist abenteuerlich, alles ist voll mit bunt gekleideten Menschen, welche einiges an Gepäck oder auch Tieren mit sich führen. Gerade die Frauen in ihren bunten Saris machten auf uns einen großen Eindruck. Das Gepäck kommt auf das Dach des Busses, was uns recht unangenehm war, enthielt unser Gepäck doch alles, was wir dabei hatten.
Point Pedro machte einen ziemlich heruntergekommenen Eindruck und die einzige Herberge wirkte eher wie ein verlassenes Bahnhofsgebäude. Nachdem wir unser Gepäck in dieser Herberge untergebracht hatten, haben wir am Strand geschnorchelt. Die Unterwasserwelt war das einzig wirklich sehenswerte in diesem Nest.
Durch die Abgelegenheit war die Tierwelt nicht überfischt und es wimmelte von bunten Fischen und Langusten. Leider ist Elke auf diesem Korallengestein ausgerutscht und hat sich am Oberschenkel einige Abschürfungen zugezogen. Da sich in diesem tropischen Klima alles sehr schnell entzündet, musste sie sich in Jaffna noch Antibiotika besorgen. Am Abend wollte ich noch eine kleine Tour durch das Nest machen, wurde aber gleich von Soldaten gestoppt, es war nächtliche Ausgangssperre.
Die Bewohner unserer Herberge machten einen äußerst unangenehmen Eindruck, ich fühlte mich wie in einem Piratennest. Nachts bemerkte ich, wie wir durch verschiedene Gucklöcher öfters beobachtet wurden, und habe daraufhin die Fenster und Türen mit Stricken gesichert. Zur Abschreckung hielt ich die ganze Nacht ein Messer bei mir. Am nächsten Morgen haben wir per Rad noch einen Ausflug in eine nahe gelegene Wüste gemacht. Diese Wüste war

nicht nur klein, sie war auch ziemlich dreckig. Überall lagen Abfälle herum.

Nach dem Ausflug hat uns unser Begleiter, der uns bei unserer Übernachtungsspelunke angesprochen hatte, noch zu sich nach Hause eingeladen. Ob wir wollten oder nicht, wir mussten mit der Familie essen. Anschließend wollte unser Gastgeber noch unsere Adresse in Deutschland haben, wir haben ihm eine Fantasieadresse gegeben. Wir waren schon vor unserer Reise gewarnt worden, niemand unsere Adresse zu geben. Plötzlich hat man Monate später zu Hause Besuch, den man nicht mehr so schnell los wird.

Per Bus ging es dann wieder zurück nach Jaffna, wo wir uns zur Übernachtung das größte Hotel gönnten. Ein Haus mit mindesten fünfzig Zimmern, wo wir in unseren doch schon etwas mitgenommenen Klamotten von einem Empfangschef begrüßt wurden. Das Hotel stand aber komplett leer infolge des Krieges, der diesem Land einen gewaltigen wirtschaftlichen Schaden zugefügt hat.

Die Tamilen, von den Engländern angeworbene Inder, wollen im Norden von Sri Lanka einen eigenen Staat gründen. Das ist den ansässigen Singhalesen natürlich gar nicht recht, und schon ist der Konflikt da. Nach einem komfortablen Schlaf haben wir uns am nächsten Morgen Jaffna angesehen und für Elke die Antibiotika besorgt.

Sehr eindrucksvoll war die Besichtigung des Forts, es ist als fünfstrahliger Stern ausgelegt und die besterhaltene Festungsanlage der Insel. Wie sich später herausstellte, waren wir für viele Jahre die letzten Touristen, welche die Stadt besuchten, direkt nach unserer Abreise flog die Bahnstrecke in die Luft.

Direkt von Jaffna fuhren wir wieder per Bahn nach Anuradhapura, wo wir noch eine Nacht verbrachten. Bei dem morgendlichen Gang durch die Tempelanlagen begegneten wir zwei Studenten, welche sich als Führer für einige Tage anboten. Da ihr Honorar bescheiden war und wir uns gute Informationen über das Land versprachen, haben wir zugestimmt.

Nach kurzer Wanderung mit unseren neuen Begleitern durch das Palastgelände sah ich eine größere Schlange die Straße überqueren.

Nach Aussehen und Größe musste es eine Rattenschlange sein, eine ungiftige aber sehr bissige Natter. An dem Platz ihres Verschwindens befand sich ein Wasserdurchfluss und ich vermutete, dass die Schlange schnell wieder erscheinen werde.
Ich habe mich hinter dem Durchfluss hingekauert und ganz still gewartet. Nach etwa drei Minuten erschien die Schlange tatsächlich und hob sichernd den Kopf. Blitzschnell hatte ich zugepackt und hielt die große Schlange direkt hinter dem Kopf sicher gepackt. Beißen war bei diesem Griff für die Schlange nicht möglich. Sie hat allerdings ihren Körper von gut zwei Meter Länge blitzschnell um mich gewickelt, was aber angesichts ihrer nicht so großen Kraft kein Problem darstellte.
Sofort hatte sich eine große Menschenmenge eingefunden und überall erklang der Ruf „Danger, Kobra". Wo immer sich in diesem Land eine Schlange sehen lässt, ist sie für die Menschen gleich eine Kobra.
Für all die Zuschauer war ich eine Art Held oder Schamane, da ich so einfach eine Kobra packen konnte, ohne getötet zu werden. Und Dank unserer neuen Führer, die dieses Schauspiel miterlebt hatten, verbreitete sich dieser Ruf überall wo wir hinkamen. Nach einigen Fotos habe ich die Schlange umgehend wieder an ihrem Versteck freigelassen.
Am nächsten Morgen ging es per Bus nach Mihintale, einer der für den Buddhismus bedeutenden Städte. Um die Dagoba, eine heilige Stupa, sehen zu können, mussten wir 1840 Stufen bezwingen. Von hier hatten wir aber auch einen grandiosen Überblick über Anuradhapura und den umliegenden Dschungel. Nach einigen Stunden ging es weiter im Auto unserer Begleiter nach Trinkomalee, dem Hauptort des Tourismus in Sri Lanka. Nach einem kurzen Besuch im Hafen verabschiedeten wir uns gerne von dieser Touristenhochburg und reisten weiter nach Polonnaruwa.
Die Übernachtungsmöglichkeiten auf unserer Tour waren manchmal wirklich abenteuerlich. Oftmals übernachteten wir in einfachen Bretterverschlägen mit allerlei Getier als Mitbewohner. Handgroße

Geiselspinnen, riesige Schaben, Geckos und so manches andere teilte mit uns in der Nacht das Zimmer.

Am Rande der Wege sahen wir immer wieder die verschiedensten Wildtiere der Insel, und als Terrarianer begeisterten uns besonders die vielen Warane. Gerade die Bengalenwarane kreuzten oft unseren Weg. In der Nähe von Wasserflächen sahen wir auch große Bindenwarane. Sehr schön anzusehen waren die farbenprächtigen Pfauen, die recht häufig im Land anzutreffen waren.

Schlangen haben wir naturgemäß selten gesehen, leben diese Reptilien doch sehr versteckt. In Polonnaruva angekommen, besichtigten wir die hier wieder ausgegrabenen Tempelanlagen.

Infolge kriegerischer Auseinandersetzungen mit Invasoren aus Indien verlor Anuradhapura seine Bedeutung als Hauptstadt der Insel und Polonnaruva wurde im elften Jahrhundert neue Hauptstadt. An dem Parakrama Samudra, einem großen Bewässerungsteich, erkennt man die Leistung der frühen Bewohner von Sri Lanka. Dieser See hat einen Umfang von zwölf Kilometern und versorgte Polonnaruwa mit Wasser.

In seiner Nähe steht ein Standbild von Parakramabahu I., der dieses Gewässer anlegen ließ. Unter den mehr oder weniger gut erhaltenen Gebäuden der alten Stadt ist das Bilderhaus Thuparama das am besten erhaltene. Seine Wände sind über zwei Meter dick und im Inneren ist es mit imposanten Bildern ausgestattet.

In der Nähe sind die Reste des Königspalastes zu finden, der acht Stockwerke hoch war und den Parakramabahu erbauen ließ. Am ehemaligen Amtssitz des Königs bestaunten wir die in Stein gehauenen Reliefs von Elefanten. Die Tiere sind so künstlerisch in Stein gehauen, dass man einen wirklichen 3-D-Effekt gewinnt.

Von Polonnaruwa aus ging es weiter nach Sigirya, einer 200 Meter hohen Zitadelle mitten im Dschungel.

Vor 1500 Jahren muss dieser Palast überwältigend ausgesehen haben, sind doch die Trümmer immer noch sehr beeindruckend. Auf dem Weg zum Gipfel führt eine Treppe durch zwei Löwentatzen, früher ging es durch den Schlund des Löwen weiter. Leider sind nur noch die Tatzen erhalten. Weiter oben kommt man durch eine Gale-

rie mit Bildern von barbusigen Mädchen, die leider durch Vandalismus beschädigt wurden.
Auf dem Gipfel beeindrucken noch jetzt die Reste der Palastanlagen und Wasserbecken. Von oben hat man einen herrlichen Ausblick auf die Gärten des damaligen Königs und den umliegenden Dschungel. Dieser König war der älteste Sohn des Königs von Anuradhapura, und litt unter Verfolgungswahn. In seiner Verwirrung ließ er seinen Vater ermorden und beging elf Jahre später während eines Gefechts Selbstmord. Immerhin verdankt die Welt diesem Mann ein sehr schönes Zeugnis der Geschichte von Sri Lanka.
Von hier aus ging es weiter durch den Dschungel nach Dambulla, einem sehr beeindruckenden Höhlentempel. Die Decken der Höhlen sind mit kunstvollen Malereien ausgestattet, welche den Eindruck erwecken, sie seien auf Tuch gemalt. Insgesamt sind hier achtundvierzig Buddhastatuen aus dem 12. Jahrhundert zu sehen. Im 2. Jahrhundert vor Chr. hat hier König Valagam Bahu vor einer Invasionsarmee Zuflucht gesucht, die ihn aus Anuradhapura vertrieben hatte.
Auf der Weiterfahrt überquerte eine Rattenschlange die Straße und unnötigerweise wollte ich wieder mein Geschick im Fangen von Schlangen beweisen. Die Schlange kroch ziemlich schnell einen Hang am Rand der Straße hinauf und ich versuchte, sie zu packen. Durch ihre Geschwindigkeit hatte ich lediglich die Schwanzspitze nur berührt und schon hatte sie mich mitten ins Gesicht gebissen.
Bedingt durch die nadelscharfen Zähne hatte die Bisswunde sofort stark geblutet und unsere Begleiter wollten mich schnell ins nächste Krankenhaus bringen. Sie waren davon überzeugt, dass der Biss nur von einer tödlich giftigen Kobra sein konnte.
Auch Elke war verunsichert und fragte mich mehrmals, ob ich mir mit der Schlange auch wirklich sicher sei. Ich war mir sicher und nach einigen Minuten ließ die Blutung nach und es geschah nichts weiter. Dadurch, dass ich den Biss der „Kobra" überlebt hatte, stieg mein Ansehen bei unseren Begleitern ins Göttliche.
Unser nächster Anlaufpunkt war Kandy, die schönste Stadt der Insel und eine der schönsten der Welt. Nach dem Fall von Polonna-

ruwa wurde Kandy die Hauptstadt von Sri Lanka und der religiöse Mittelpunkt. Die Hauptsehenswürdigkeit der Stadt ist der Tempel des Zahnes, in dem als Reliquie ein Zahn Buddhas aufbewahrt wird. Leider kann ich hier nicht die ganzen Sehenswürdigkeiten von Kandy schildern, das würde ein ganzes Buch füllen. Außer Königspalast, Klöstern und Museen hat die Stadt einen Botanischen Garten zu bieten der seinesgleichen sucht. Für uns besonders sehenswert war die riesige Kolonie von fliegenden Füchsen, die in großen Mengen an den Bäumen hängen. Diese Tiere sind große Fledermäuse, welche sich nur von Früchten ernähren.

Nahe am Palast liegt der Kandy See, der eine große Zahl an Bindenwaranen beheimatet. Diese bis zu drei Meter langen Echsen sind stark an ein Leben am Wasser gebunden, was man schon an ihrem abgeplatteten Ruderschwanz erkennen kann. Überall sieht man auch die farbenfrohen Schönechsen, die bei Gefahr blitzschnell in die Bäume flüchten.

Damals noch galt als Geheimtipp zur Übernachtung das Guest House „Travellers Nest". Diese Herberge war Treffpunkt der Globetrotter aus der ganzen Welt und hatte ein besonderes Flair. Leider war es bei unserem nächsten Besuch vier Jahre später sehr heruntergekommen, vielleicht eine Folge des Bürgerkrieges.

Überhaupt war der Krieg allgegenwärtig, überall Soldaten und Einschränkungen. Manche Regionen konnten wir gar nicht aufsuchen und immer wieder waren ganze Straßen gesperrt. Am Rand von Kandy fanden wir im Dschungel einen Wasserfall, an dem es von Tieren nur so wimmelte.

Überall in den Bäumen ganze Scharen von Affen und Vögeln, welche ein abenteuerliches Konzert veranstalteten. Unter Baumstämmen fanden wir eine große Menge an Skorpionen, Geiselspinnen und Geiselskopionen. Rundum war ein ständiges Froschkonzert zu hören, wenn wir einen der Frösche ausfindig machen konnten, waren wir erstaunt, wie klein diese Radaubrüder manchmal waren. Erstaunlich, dass ein Frosch von der Größe eines Daumennagels über mehrere hundert Meter zu hören ist.

Leider war dieses ganze Urwaldgebiet vier Jahre später gerodet und all die tollen Tiere und Pflanzen verschwunden.

In der Nähe von Kandy besuchten wir auch den „Elephant Bathing Place" bei Katugastota. Hier baden die Arbeitselefanten nach der Arbeit, um sich abzukühlen. Für eine kleine Gebühr hatten wir die Möglichkeit zu einem Elefantenritt, ein komisches Gefühl auf den hohen Tieren. Durch den Sitzpunkt auf den Schulterblättern wird man ordentlich durchgeschaukelt, aber dafür ist der Sitz schön breit.

In Kandy trennten wir uns verabredungsgemäß von unseren Führern, und die Reise ging wie geplant per Bus und Bahn weiter.

Von Kandy aus fuhren wir weiter nach Nuwara Eliya im Hochland von Sri Lanka.

Hier fanden wir auch die Baustelle des Hotels unserer Gastgeber Rita und Daja aus Colombo. Zufällig war Rita gerade anwesend und es gab eine freudige Begrüßung. Nuwara Eliya ist die beliebte Sommerresidenz der reicheren Einwohner von Sri Lanka, dank der Höhenlage ist es hier relativ kühl.

In dieser Stadt fühlt man sich in das England von vor hundert Jahren zurückversetzt. Nur an wenigen Orten in Sri Lanka wird die Kolonialzeit so lebendig wie hier. Vermutlich war das verhältnismäßig kühle Klima von Nuwara Eliya den Engländern besonders angenehm und erinnerte sie an ihre Heimat. Uns selber war es hier zu kühl und wir freuten uns auf die wärmeren Gefilde dieses Landes.

Von hier aus machten wir eine Bahnfahrt von beeindruckender Schönheit durch die Horten Plains nach Badulla. Der Urwald in den Horten Plains ist aufgrund der enorm hohen Luftfeuchtigkeit ein Gedicht. Überall in den Bäumen sind riesige Mengen an Orchideen und Flechten zu bewundern. Zu dieser Zeit freuten wir uns auch noch über die verschiedenen Affenarten, welche die Bäume in großer Zahl bevölkerten.

Später hatten wir so manches unliebsame Erlebnis mit diesen Primaten und konnten sie überhaupt nicht mehr ausstehen. Im Fernsehen oder Zoo wirken die vielleicht ganz possierlich, im Urwald können sie eine ernste Gefahr werden.

Leider konnten wir aufgrund des Bürgerkrieges nicht weiter nach Osten in das Gebiet der Wedda (Ureinwohner von Sri Lanka), sondern mussten Richtung Ratnapura weiterreisen. Dabei kamen wir an den Diyaluma Falls vorbei, an denen das Wasser 171 Meter in die Tiefe fällt.

Da wir nicht nach Ratnapura wollten, sind wir Richtung Süden zum Yala National Park gefahren. Gleich am Anfang des Besuches in diesem Naturschutzpark kamen wir an mehreren Gewässern vorbei, an deren Rand wir große Krokodile beim Sonnen sahen. Aber trotz der Größe dieser Panzerechsen, kam ich nicht die auf gewünschte Entfernung zum fotografieren heran, sofort flüchteten sie ins Wasser.

Im Wasser waren viele Vögel in allen Größen und Farben zu bewundern, besonders unsere ersten Pelikane in freier Wildbahn haben uns fasziniert. Ebenfalls an oder im Wasser sahen wir eine Menge Wasserbüffel. Leider hielten sich die Elefanten sehr versteckt, einen einzigen konnten wir im Busch beobachten und fotografieren.

Eine Menge Bengalenwarane konnten wir auch hier bewundern und sehr viele Vogelarten. Besonders die Kingfischer in ihren schillernden Farben erregten unsere besondere Bewunderung. In den Bäumen sahen wir große Kolonien von Webervögel, welche durch ihre kunstvollen Nestern sofort auffallen. Weiter fuhren wir per Bus nach Dondra Head, dem südlichsten Punkt der Insel. Von hier bis zur Arktis gibt es nichts außer Wasser, also das genaue Gegenteil von Point Petro, dem nördlichsten Punkt. Von da aus kann man in der Ferne den Indischen Kontinent erspähen.

Die nächste Station war Galle, die größte Stadt an der Südküste mit einem Fort aus der Zeit der Portugiesen und Holländer. Schon seit dem fünfzehnten Jahrhundert war diese Stadt ein bedeutender Handelsposten und viele alte Häuser erinnern an die Kolonialzeit.

Am Hafen hat mir ein Singhalese eine Handvoll Münzen angeboten, die ich mir als Souvenirs gedankenlos gekauft habe, und ohne weitere Beachtung im Gepäck verstaut hatte. Erst Zuhause habe ich sie vom Dreck befreit und näher untersucht. Es waren zum Teil Stücke aus der Kolonialzeit der Engländer und ein Ausgrabungsstück aus

Polonnaruwa, dessen Wert ich nicht im Geringsten schätzen kann. Noch heute bewahre ich diese Münzen als liebe Erinnerung an unseren Urlaub auf.

Nun wollten wir uns einige geruhsame Tage am Strand gönnen und fuhren nach Ambalangoda. Das liegt von Galle kommend einige Kilometer hinter Hikkaduwa, welches damals eine berüchtigte Hippiekolonie war. Bekannt ist Hikkaduwa auch als Treffpunkt der Surfer aus aller Welt, die Wellen hier sollen ausgezeichnet sein.

Wir sind aber lieber bis Ambalangoda weitergefahren, da wir auf den Trubel in Hikkaduwa keine Lust hatten.

Das Schnorcheln war zwar nicht so erlebnisreich wie im Norden bei Point Petro, aber viele bunte Fische und Korallen waren auch hier zu bestaunen.

Direkt am Strand, in einer winzigen Bucht, hatte ich ein Paar einer kleinen Rotfeuerfischart entdeckt. Diese zwei hochgiftigen Fische konnten wir an dieser Stelle den ganzen Aufenthalt von fünf Tagen über beobachten. Mit ihren großen Brustflossen haben die Schwärme kleiner Fische zusammengetrieben, um dann gezielt einzelne zu packen.

Diese giftigen Rotfeuerfische ließen es zu, dass ich sie vorsichtig an der Seite gestreichelt habe. Natürlich im Abstand der giftigen Rückenflossen. Dabei haben mich zwei Fischer gesehen und kamen „Danger" schreiend angerannt. Als ich ihnen die Vertrautheit der zwei Fische vorführte, sind sie kopfschüttelnd weiter gegangen.

Da wir nicht die Art von Touristen sind, die stundenlang am Strand liegen können, haben wir die Umgebung auch landeinwärts erkundet. Direkt hinter der Straße begann der Dschungel, der mit vielen Gewässern durchsetzt war. Allerdings fanden wir alle paar hundert Meter Palmwedelhütten; dieses Gebiet ist recht dicht bevölkert. Und wo wir in die Nähe einer Hütte kamen, begleitete uns eine Horde bettelnder Kinder.

Durch diese dichte Bevölkerung war auch der überwiegende Teil der ursprünglichen Bäume gerodet und durch Kokospalmen und Bananen ersetzt. Trotzdem sahen wir eine Menge Tiere, und zwar in erster Linie an und in den Gewässern, die überall im Wald zu finden waren.

Sehr ungewohnt für uns war der Anblick der Schlammspringer, die wir am Wasser haufenweise sahen. Das sind Fische, die den größten Teil des Tages an Land verbringen. Direkt bei unserer Unterkunft ging ein kleiner Bindenwaran mehrmals täglich auf Nahrungssuche. Es hat mir sehr viel Spaß gemacht, das elegante Kerlchen dabei zu beobachten. Warane sind sehr intelligente Reptilien, die perfekt an ihren Lebensraum angepasst sind.

Aufgrund ihrer Intelligenz konnten sie sich über ein riesiges Gebiet verbreiten und sind auf sehr vielen Inseln und in mehreren Ländern weit verbreitet. Sehr gerne hätte ich solch ein Tier im Terrarium gehalten, aufgrund der Größe und dem Bewegungsdrang des Bindenwarans habe ich es aber gelassen.

Nach einer Woche „Strandurlaub" ging es zu unserem letzten Ziel der Reise, dem Sinajara Forest. Dabei handelt es sich um das letzte Urwaldgebiet von Sri Lanka.

Zu unserer Enttäuschung mussten wir feststellen, dass ein Urwald keineswegs ein Lebensraum darstellt, in den man einfach hineingehen und beobachten kann. Man steht vor einer grünen Mauer und kommt kaum einen Meter vorwärts. Wo man es doch versucht wird man mit einer Menge Blutegel belohnt, die überall in die Kleidung eindringen und sich festsaugen. In der Folge läuft das Blut am ganzen Körper herunter und die Klamotten sind kaum sauber zu bekommen.

Zumindest haben wir unter großer Anstrengung und Überwindung winzige Teile des Urwaldes gesehen und uns an den herrlichen Pflanzen erfreut. Die Tiere des Urwaldes haben wir zwar reichlich gehört, zu sehen war in dem Gewimmel von Holz und Blättern aber nichts. Mit diesem Abstecher war unser Urlaub leider beendet, noch ein Tag in Colombo bei Rita und Daja, und es ging mit zwölfstündigem Flug zurück nach Deutschland.

Sri Lanka 1988

Der erste Urlaub in Sri Lanka hatte einen so bleibenden Eindruck bei uns hinterlassen, dass wir vier Jahre später, im Jahr 1988, noch einmal hingeflogen sind.
Auch diesmal wieder war unser Anlaufpunkt bei Rita und Daja Fernandez in Colombo.
Das Land begrüßte uns diesmal mit strömendem Regen, der bei diesem Klima aber nicht sonderlich stört. Nach der ersten Nacht im Haus unserer Gastgeber haben wir am nächsten Morgen wieder Colombo erkundet. Diese Stadt mit ihren Gegensätzen hinterlässt bei ihren Besuchern einen unwirklichen Eindruck. Im Zentrum moderne Geschäftsstraßen, die durchaus europäisch wirken, ein paar hundert Meter weiter, zeitloses hinduistisches und singhalesisches Flair.
Gerade die hinduistischen Tempel wirken einzigartig. Dazu das unüberschaubare Treiben in der Pettah. Dieser Stadtteil mit seinem riesigen Markt ist für jeden Besucher ein Muss. Hier gibt es buchstäblich alles zu kaufen und die Preise sind enorm günstig. Allerdings muss man als Tourist heftig handeln, sonst bezahlt man einen deftigen Touristenaufschlag, der auch das Fünffache des Normalpreises ausmachen kann. Die Nase bekommt auf diesem Markt besonders viel zu tun, die vielen Gewürzstände verbreiten ein unbeschreibliches Aroma.
Auf die vielen Taschendiebe muss man aber auch achten; mit besonderem Geschick hatte mir einer aus dem Rucksack das Nähzeug geklaut. Er dachte bestimmt, er hat die Geldbörse und hat nachher wahrscheinlich dämlich gestaunt.
Im Zentrum von Colombo ist „Cargills", das älteste Kaufhaus der Stadt, sehenswert. Das Haus wurde 1844 gebaut und vermittelt immer noch das Flair dieser Zeit. Überhaupt ist in Colombo die Kolonialzeit noch überall präsent, oft fühlt man sich um gut hundert Jahre zurückversetzt.
Nachdem wir bei unserem ersten Urlaub in Sri Lanka als Verkehrsmittel Busse und Bahnen gewählt hatten, haben wir dieses Mal ein

Auto mit Fahrer gemietet. Das klingt nach Luxus, war damals aber durchaus erschwinglich.

Unsere erste Station war wieder Anuradhapura, das ist bei einer Reise ohnehin nicht zu erfassen. An jeder Ecke findet man etwas Neues und die vielen Palastanlagen und Tempelbezirke sind ohnehin nicht zu überschauen.

Es ist erstaunlich, dass hier vor zweitausend Jahren bis zu siebenstöckige Gebäude errichtet wurden, während unsere Vorfahren noch in Hütten hausten. Besonders die Jetavanarama Dagoba fällt auf dem großen Komplex ins Auge. Sie war einmal 122 Meter hoch und ist die größte Ziegelmasse der Erde. Nur zwei Pyramiden sind größer als dieses Bauwerk aus dem dritten Jahrhundert.

Nicht so mächtig, aber sehr schön ist die gut erhaltene Thuparama Dagoba, auf deren Spitze ein großer Kristall weithin leuchtet. Alle diese Dagobas geben der Landschaft ein fremdartiges Gepräge und erinnern an eine untergegangene Hochkultur.

Die nächste Station war ein schönes Hotel an einem großen See nicht weit von Anuradhapura. Auf diesem See war eine große Halbinsel, auf der man morgens die wilden Elefanten beim Trinken beobachten konnte. In unmittelbarer Nähe des Hotels haben wir am Abend Skorpione und Vogelspinnen auf ihren Ausflügen beobachtet.

Als wir morgens beim Kaffeetrinken auf der Terrasse saßen, hat uns ein großer Bengalenwaran besucht. Weiter ging es von hier Richtung Dambulla, das wir schon im ersten Urlaub besichtigt hatten. Die Fahrt durch den Dschungel belohnte uns immer wieder mit dem Anblick von Tieren, welche an der Straße auftauchten.

Besonders in der Nähe von Termitenbauten sahen wir gelegentlich Schlangen und oft Warane. Aber auch sehr viele Vögel und Wildarten konnten wir dabei sehen. Nach einem erneuten Besuch der Zitadelle von Sigirya fuhren wir natürlich wieder in unsere Lieblingsstadt Kandy.

Leider war „Travellers Nest" in der Zwischenzeit total heruntergekommen, wir waren jetzt auch die einzigen Gäste.

Am nächsten Morgen machten wir einen Erkundungsgang durch einen nahe gelegenen Dschungel, der wie gewohnt viel für die Ohren und wenig für die Augen bot. Durch die dichte Vegetation kann man nicht weit sehen, hört aber überall die vielen Tiere aus dem Blätterdach. Auf dem Rückweg wurden wir von einer Horde Affen angegriffen.

Diese Primaten, welche den Europäern im Zoo ach so possierlich vorkommen, sind im Urwald als Horde nicht zu unterschätzen. Wir haben uns schnell jeder einen Knüppel geschnappt und sind Rücken an Rücken weiter gegangen. Mehrmals bin ich mit dem Knüppel schwingend auf die Affen zu gerannt, um die sich wiederholende Angriffe abzuwehren. Nach einigen hundert Metern haben sich die Affen in den Dschungel zurückgezogen und wir konnten den Weg unbehelligt fortsetzen.

Nachdem die Unterkunft in Travellers Nest sehr enttäuschend war, sind wir am nächsten Tag in eine schöne Herberge auf der anderen Seite von Kandy umgezogen.

Von hier hatten wir einen sehr schönen Blick auf Kandy und den dahinter liegenden Dschungel. Auf der Suche nach dem schönen Wasserfall aus dem ersten Urlaub mussten wir enttäuscht feststellen das der Wald gerodet und alles bebaut oder „kultiviert" war.

Durch das starke Bevölkerungswachstum in Sri Lanka geht immer mehr natürlicher Lebensraum verloren und Reisende späterer Jahrzehnte werden deutlich weniger Natur erleben als wir damals.

Auch diesmal haben wir die Arbeitselefanten besucht und wieder einen Ritt unternommen.

Von Kandy aus fuhren wir weiter nach Nuwara Eliya und haben in dem jetzt fertiggestellten Hotel von Rita und Daja übernachtet.

Weiter ging es in die Edelsteinmetropole Ratnapura, wollten wir doch von hier aus einen Aufstieg zum Adam's Peak wagen.

Dieser Berg ist 2243 Meter hoch und sehr beschwerlich zu besteigen. Beschwerlich, weil der größte Teil des Aufstiegs über unterschiedlich hohe Treppenstufen führt. Seit dem elften Jahrhundert ist der Gipfel Ziel von Pilgerreisen und die vier vorherrschenden Glaubensrichtungen von Sri Lanka betrachten ihn als ihr größtes Heiligtum.

Um den Sonnenaufgang vom Gipfel des Berges zu erleben, startet der Aufstieg zwischen eins und zwei in der Nacht. Der Pfad führt durch dichten Dschungel und angeblich fallen jedes Jahr einige Pilger Giftschlangenbissen zum Opfer.

Leider haben wir auf dem Weg nur eine tote Schlange gesehen, deren Artzugehörigkeit nicht mehr feststellbar war.

Offensichtlich ist die Gefahr für die Schlangen durch die Pilger größer als umgekehrt. Aber das ist ja auf der ganzen Welt so, wird jemand von einer Schlange gebissen ist der Rummel groß, über tausende erschlagener Schlangen redet niemand. Dabei sind diese Reptilien für das gesamte Ökosystem unverzichtbar.

Da es um diese Uhrzeit noch sehr kühl war, haben wir den Aufstieg in zwei Dritteln der dafür vorgesehenen Zeit geschafft. Wir sind den Berg fast hoch gerannt und haben Scharen von Pilgern überholt. Das war gar nicht so gut, auf dem Berg angekommen waren wir nass geschwitzt und haben in der Zeit bis Sonnenaufgang ganz schön gefroren.

Oben auf dem Berg befindet sich eine Kapelle mit einer Glocke, die jeder ankommende Pilger läuten lässt. Auf einem flachen Stein sieht man etwas Ähnliches wie einen Fußabdruck. Je nach Religion soll es sich um den Fußabdruck von Adam, dem Gaudama Buddha, Shiva oder dem heiligen Thomas handeln.

Leider war der Sonnenaufgang nicht so überwältigend, es war dicht bewölkt. Die Wolken in den Tälern sahen aus wie Seen, aus denen die Berge wie Inseln aufsteigen. Der Abstieg war noch wesentlich unangenehmer als der Aufstieg, zehn Kilometer ungleichmäßige Treppenstufen gehen gewaltig in die Knochen. Noch tagelang hatten wir einen gehörigen Muskelkater.

Die Fahrt durch das Teeland ist keine Augenweide, unendliche Monokulturen aus Teeplantagen, in denen die Pflückerinnen ihrer beschwerlichen Arbeit nachgehen. Auch diesmal wollten wir uns eine Woche Ruhe genehmigen und fuhren an die Südküste Richtung Hambantota. Nicht weit von Hambantota fanden wir bei Dickwella einen Platz, der uns gut gefallen hat und wo wir uns eine Unterkunft gesucht haben. Der angenehm warme Indische Ozean lud zum Schwimmen und Schnorcheln ein und nicht weit entfernt war der Yala National Park. Dieser große Park ist immer wieder einen Besuch wert, gerade die unglaubliche Menge an Wasservögeln wirkt spektakulär.

Leider war aufgrund des Bürgerkrieges ein Besuch im Gebiet der Wedda wieder nicht möglich. Diese Ureinwohner werden immer weiter zurückgedrängt und zu einem großen Teil einfach assimiliert durch die Singhalesen. Sie teilen damit das Schicksal der meisten Urvölker, die der Zivilisation zum Opfer fallen.

Bei dem Schnorcheln in unsere Bucht habe ich zum ersten Mal Meeresschildkröten in Freiheit gesehen. Von dem ruhigen Dahingleiten dieser Meeresreptilien, war ich tief beeindruckt, es wäre schade wenn diese Arten nach vielen Millionen Jahren der Profitsucht unseres Jahrhunderts zum Opfer fielen.

Direkt bei unserer Unterkunft befand sich eine Aufzuchtstation, wo die ausgegrabenen Schildkrötengelege kontrolliert ausgebrütet wurden. So soll dem allzu raschen Niedergang der Bestände begegnet werden. Als der Leiter dieser Schildkrötenstation mein Interesse und meine Kenntnisse über Reptilien bemerkte, hat er mich detailliert in die Einzelheiten seiner Einrichtung eingeführt.

Leider ist es uns bei unseren Schnorcheltouren nie gelungen, Haie zu sehen, aber bunte oder bizarre Fische sahen wir reichlich. Überall am Strand waren große Kolonien von Winkerkrabben, bei denen die Männchen durch Winken mit einer vergrößerten Schere ihr Revier abgrenzen.

Abends hatten wir in der Nähe unseres Bungalows am Fuß einer Kokospalme eine große Landkrabbe gesehen. Ich habe mich von hinten herangepirscht und die zwei riesigen Scheren der Krabbe gepackt um das Monster näher betrachten zu können. Der Körper hatte annähern die Größe eines Fußballes und die ganze Erscheinung war Respekt einflößend.

Außerhalb der Bucht war eine Felsenküste, an der die Brecher des Indischen Ozeans mit großer Gewalt anbrandeten.

Aber auch an dieser idyllischen Stelle war der Bürgerkrieg immer präsent. Eines Tages wunderten wir uns über ungewöhnlich hohes Militäraufkommen auf der nahe gelegenen Straße. In der Nacht vorher war fünfzehn Kilometer entfernt ein Minister mit seinem Gefolge in die Luft gesprengt worden.

Leider ging der Urlaub seinem Ende entgegen und wir fuhren wieder einmal nach Kandy. Ganz in der Nähe von Kandy befindet sich das Elefantenwaisenhaus von Pinawella. Hier, am Fluss Maha Oya, werden Elefantenwaisen aufgezogen. Diese werden später als Arbeitselefanten verkauft.

Elke war ganz hin und weg von den Elefantenbabys, die mit ihren noch langen Haaren wie Kokosnüsse aussahen. Am liebsten hätte sie sich so einen Minikoloss mit nach Hause genommen.

Im Queen`s Hotel in Kandy haben wir am Abend einem Auftritt der Kandytänzer beigewohnt. Diese Tänzer in ihren bunten Kleidern und mit skurrilen Masken bieten ein spektakuläres Schauspiel mit dem Hintergrund religiöser Tänze.

Leider mussten wir zum letzten Mal Kandy Lebewohl sagen und sind nach Colombo zurückgefahren. Nach zwei Tagen bei Rita und Daja war unser Urlaub beendet und nach langem Flug waren wir wieder in Deutschland. Viele Jahre später wurden eine Menge der von uns besuchten Orte von dem verheerenden Tsunami zerstört, was an Natur und Tieren übrig geblieben ist, weiß ich leider nicht.

Rosenheim und Bayrischer Wald

In der Zeit unserer Kreuzottern wollten wir natürlich auch die Lebensräume dieser Schlangen kennenlernen, um ihnen optimale Bedingungen bieten zu können. Zu diesem Zweck fuhren wir zuerst in die Gegend von Rosenheim, wir hatten gehört, hier gäbe es diese Schlangen noch reichlich. Als Anfänger in Sachen Kreuzotternsuche haben wir im Kolbermoor große Entfernungen zurückgelegt, Kreuzottern haben wir erst mal nicht gefunden.
Allerdings hat uns der Lebensraum Moor in seinen Bann gezogen. Das zum Teil recht bunte Torfmoos, der Sonnentau und tausende Stechmücken waren etwas ganz Neues.
Die Wegsuche im Moor war manchmal ganz schön schwierig, oft kamen wir an Gräben oder Moorflächen und mussten uns mühsam einen neuen Weg suchen. So mancher Schritt in scheinbar flaches Wasser endete mit dem Einsinken bis über die Knie im Moor.
Dadurch hat sich ein, für zwei Stunden geplanter Ausflug, über fünf Stunden hingezogen. Dabei kamen wir auch an Torfabbauflächen vorbei. Und hier die große Überraschung, wir haben bei stundenlanger Suche keine Kreuzotter gefunden. Die Maschinen zum Torfabbau hatten etliche zerstückelt und an der Oberfläche verstreut. Dieses Moor wird leider großflächig abgetorft, man muss sehen, was eines Tages davon übrig bleibt.
Bei dem nächsten Urlaub in diesem Gebiet hatten wir mehr Glück. Nicht im Moor, sondern an einem Bach, der sich in Moornähe durch die Wiesen schlängelte, sahen wir mehrere Kreuzottern. Leider waren die so vorsichtig, dass ein Fotografieren nicht möglich war. Immerhin hatten wir unsere ersten Kreuzottern in freier Natur gesehen und das alleine machte uns schon glücklich.
Bei einer Fahrt mit dem Motorrad fuhren wir durch ein gebirgiges Gelände und am Rand der Strecke waren einige Pfeiler und anschließend Wiesengelände. Am Rand der Straße bei diesen Pfeilern sah ich eine große Anzahl Ringelnattern, von denen einige schwarz gefärbt waren.

Schwärzlinge bei Ringelnattern sind ziemlich selten. Wahrscheinlich begünstigten die klimatischen Bedingungen an der Stelle schwarz gefärbte Tiere. Schwarz nimmt ja die Sonnenstrahlung besser auf, und so kommen die Schwärzlinge mit weniger optimalen Lagen besser zurecht. Es wäre schön, wenn die Ringelnatter auch bei uns wieder heimisch würde.

Beim nächsten Urlaub fuhren wir in den Bayrischen Wald und wurden durch eine Menge gesehener und auch fotografierter Kreuzottern belohnt. Der am dichtesten besiedelte Lebensraum lag an einer viel befahrenen Straße unweit unserer Unterkunft. Wenn morgens die Sonne diese Stelle erreichte, konnten wir in kurzer Zeit bis zu zwanzig Kreuzottern sehen. Kamen wir etwas später, war keine mehr zu finden. Die Schlangen hatten sich aufgewärmt und lagen dann gedeckt unter Grasbüscheln oder Fichtenzweigen.

Eine andere Stelle lag in einem Waldrandbereich und war ziemlich nass. Die Kreuzottern hier waren wesentlich dunkler gefärbt und von schlankerer Statur. Hier gab es auch eine ziemliche Anzahl an schwarzen Kreuzottern. Leider waren die Fichten an diesem Platz schon bis zu zwei Metern groß, und es war abzusehen, dass der Platz für die Kreuzottern bald verloren war.

An einer Stelle hatte ich ein schön gefärbtes Kreuzotter Männchen gesehen und bin mehrmals zu der Stelle gegangen, um sie zu fotografieren. Sie hatte sich sehr schnell an meine Anwesenheit gewöhnt und ist nach kurzer Zeit einfach liegen geblieben. Auch diese Tiere sind sehr lernfähig und können sich Situationen schnell anpassen.

Die Menschen in dieser Gegend standen den Kreuzottern leider sehr feindselig gegenüber. So mancher rühmte sich damit, wie viele er schon erschlagen hatte.

Überall versuchten wir es mit Aufklärungsarbeit und erklärten den Menschen, das Kreuzotterngift nicht zum Tode führt, und diese Tiere enorm wichtig für den Naturhaushalt sind. Ob wir damit etwas erreicht haben, sei dahingestellt, zumindest haben wir es versucht.

Elke hatte immerhin unfreiwillig lebendiges Anschauungsmaterial abgegeben, dass man an einem Kreuzotternbiss nicht stirbt. Beim Abstützen am Waldboden war sie einer Kreuzotter zu nahe gekommen und hatte einen Biss in einen Finger abbekommen. Nach einigen Stunden war zuerst die Hand und recht schnell der ganze Arm dick geschwollen. Die Wirte und auch die Gäste in unserer Unterkunft wollten sie besorgt überreden, ins nächste Krankenhaus zu fahren.

Elke hat ihnen mutig demonstriert, dass ein Kreuzotternbiss keine Katastrophe darstellt und die Sache ohne Behandlung durchgestanden. Selbst mir, der ich ja schon einige Bisse hinter mir hatte, war die Geschichte etwas mulmig. Ständig habe ich den Zustand von Elke im Auge behalten. Eine Schattenseite hatte der Biss und die geschwollene Hand für Elke aber doch. Zur gleichen Zeit hatten wir Silberhochzeit und sie konnte den Ring, den sie zu diesem Anlass bekommen hatte, nicht auf den geschwollenen Finger stecken.

Jugoslawien

Besonders reizvoll waren auch die Besuche im damaligen Jugoslawien.
Unser Reiseziel war Rovinj in Istrien, unweit von Pula gelegen.
Rovinj ist eine reizende Stadt an der Adria, in der sich kroatische und italienische Einflüsse zu einem leichten und quirligen Lebensstil vereinen. Der Hafen ist Anlaufziel von Jachten aus der ganzen Welt, und mit etwas Glück, kann man einen vor Anker liegenden Windjammer bewundern.
Im ersten Jahr hatten wir über ein Reisebüro eine Unterkunft auf der kleinen Insel Crveni Otok (Rote Insel) gebucht. Unser Motorrad mussten wir am Hafen von Rovinj stehen lassen und per Fähre zu unserer Unterkunft fahren.
Die Insel gliedert sich in eine Hauptinsel mit Hotel und verschiedenen Nebengebäuden, die Nebeninsel erreicht man über einen Steinwall und sie wird in erster Linie für FKK genutzt.
Bei diesem Urlaub im Jahr 1983 waren die Preise noch erstaunlich niedrig. Trotz der guten Qualität konnte man den Urlaub als „Billigurlaub" bezeichnen. Mittags ausgiebiges Essen am Grill und abends einige Bier fielen für die Reisekasse gar nicht ins Gewicht. Auf der Insel konnten wir viele Eidechsen beobachten, Schlangen waren offensichtlich nicht vorhanden.
Sehr schön war beim Schnorcheln das Beobachten der reichlich vorhandenen Sepias. Mit ihren ständig wechselnden Farben und dem Flossenspiel war das eine ganz bezaubernde Beobachtung. Im Süden Frankreich waren diese damals schon alle weggegessen.
Jeden Morgen nach dem Frühstück fuhren wir mit der Fähre ans Festland und unternahmen Ausflüge mit dem Motorrad ins Landesinnere. Damals war die Natur in der Umgebung von Rovinj noch nicht so zerstört und wir haben eine Menge Reptilien beobachten können. Nachmittags war dann meistens Baden auf der Insel angesagt und abends ging es zum Bummel wieder per Fähre in die Stadt.
Im nächsten Jahr sind wir ohne zu buchen nach Rovinj gefahren und haben uns am Rand der Stadt eine Herberge gesucht. So

brauchten wir keine Fähre zu benutzen und hatten mehr Zeit für unsere Exkursionen zur Verfügung.

Bei stundenlangen Wanderungen durch die Karstgebiete haben wir sehr viele interessante Tiere gesehen. Dabei haben wir auch zum ersten Mal Landschildkröten in ihrem Lebensraum beobachtet. Diese Reptilien entwickeln unter der südlichen Sonne ein ganz anderes Temperament als unter deutschen Haltungsbedingungen.

Die erste davon entdeckten wir während der Fahrt in der Stadt Rovinj. Die Schildkröte marschierte fleißig die Straße entlang. Wir haben sie sicherheitshalber außerhalb der Stadt im Gelände ausgesetzt. Bei unserem ersten Besuch in Jugoslawien entdeckten wir in der Nähe der Straße bei Rovinj ein Sumpfgelände, in dem neben Ringelnattern eine große Menge Sumpfschildkröten (Emis orbicularis) lebten.

Schon beim nächsten Besuch war der größte Teil des Sumpfgeländes aufgefüllt und die Tiere alle beerdigt. Der Artenschutz in Europa ist eine ziemlich hirnlose Angelegenheit, einzelne Tiere für die Haltung zu entnehmen wird streng verfolgt, die großräumige Vernichtung der Lebensräume ist Alltag und wird geduldet.

Ganz besonders eindrucksvoll war die Begegnung mit der größten europäischen Schlange, der Vierstreifennatter. Trotz ihrer Größe ist diese Schlange sehr flink und es ist ein unvergessliches Erlebnis einer solchen Schlange zu begegnen.

Allerdings ist die Haltung dieser Schlange im Terrarium mit einem erheblichen Aufwand verbunden. Durch die Größe der Vierstreifennatter wird entsprechend viel von ihr gefressen und die Kotabgabe ist nicht zu unterschätzen. Das Terrarium muss entsprechend häufig gereinigt werden, sonst verbreitet sich ein ziemlich übler Geruch, der weder für die Schlange noch für den Halter angenehm ist.

Wir haben ein Paar dieser Schlangen etwa drei Jahre gepflegt und auch zweimal Nachwuchs von ihnen erhalten. Die abgelegten Eier sind schon ziemlich groß und die frisch geschlüpften Schlangen sind auch schon entsprechend weit entwickelt. Die Kleinen gingen auch schnell an die angebotenen Babymäuse und sind flott gewachsen.

Zu dieser Zeit wurden die Artenschutzbestimmungen deutlich verschärft und wir mussten für alle gezüchteten europäischen Schlangen Bescheinigungen beantragen, um sie legal an andere Halter weitergeben zu können.

Leider dauerte es oftmals eine ganze Weile, bis die Bescheinigungen ausgestellt waren und die Pflege der Nachwuchsschlangen wurde immer aufwändiger.

Je verantwortungsbewusster jemand seine Tiere pflegt und entsprechend auch züchtet, desto größer werden die behördlichen Hindernisse. Oft drängt sich mir der Verdacht auf, dass die Nachzucht von Wildtieren bestimmten Kreisen ein Dorn im Auge ist.

Leute, welche die Tiere weniger optimal halten und entsprechend nicht züchten, geben ein gutes Negativbeispiel ab, wer bessere Zuchterfolge wie beispielsweise zoologische Gärten oder Wildparks hat, passt nicht in die Klischees dieser „Tierfreunde".

In Istrien hatten wir eines Tages eine etwas bedenkliche Überraschung erlebt. Bevor wir in ein Land fuhren, um die Tiere kennen zu lernen, haben wir uns in der Fachliteratur informiert, was denn zu erwarten wäre. Für Istrien war damals das Vorkommen von Hornottern nicht sicher belegt, man hielt es für möglich, es fehlten aber die Belegfunde.

Wir streiften etliche Meter getrennt durch die Natur, um so ein größeres Gebiet erfassen zu können. Plötzlich rief Elke „ich glaube hier ist eine Hornotter in einem Steinhaufen verschwunden". Ich antwortete ihr, dass diese Schlange hier nicht bestätigt ist, wahrscheinlich hast Du sie mit einer Natter verwechselt.

Zum Glück hat sie nur oberflächlich nach der Schlange gesucht und mit der gründlichen Suche auf mich gewartet. Nachdem ich einige Steine abgebaut hatte, entdeckte ich zu meiner Überraschung eine weibliche Hornotter. Da hatte ich doch glatt meine Frau aus blindem Vertrauen in die Literatur fast ins Krankenhaus befördert.

Zu dieser Zeit waren die Schutzbestimmungen noch nicht so streng und wir haben das Tier mit nach Deutschland genommen. Bei uns hat sie sich dann auch schnell eingelebt und nach zwei Monaten eine Anzahl gesunder Junge zur Welt gebracht.

Normalerweise haben wir von unseren Exkursionen selten Tiere mitgenommen, doch dieses Tier entsprach in seinem Aussehen wenig den uns bekannten Hornottern. Die Färbung war wesentlich gedeckter und erinnerte stark an die Hornottern bei Bozen, auf die ich später noch zu sprechen kommen werde. Hoffentlich wurden die Nachkommen dieser Schlange, die ich an andere Schlangenhalter abgegeben habe, ohne Vermischung weiter gezüchtet.

Skutarisee

Eine spätere Reise führte uns ganz ans Ende Jugoslawiens, an den Skutarisee. Dieses Gebiet liegt so abgelegen, dass man hier noch eine atemberaubende Fauna und Flora vorfindet.
Was uns am Anfang besonders ins Auge viel, waren die wirklich häufigen Landschildkröten. Wenn im Gelände etwas laut raschelte, waren es Schildkröten bei der Paarung. Wenn etwas überfahren auf der Straße lag, war es eine Schildkröte. Es hat da wirklich gewimmelt und für die Landbevölkerung waren es einfach Schädlinge.
Mehrmals habe ich im Gelände aufgegebene Brunnen gesehen, in denen dutzende Schildkrötenpanzer lagen. Die Bauern haben die Tiere einfach hineingeworfen und verenden lassen.
Bei einer Wanderung hatte ich ein besonders bemerkenswertes Erlebnis. Auf einem Flachdach in einem umzäunten Gelände lag eine Schildkröte auf dem Rücken und strampelte wie wild unter der heißen Sonne. Nach der Menge an Kot in ihrer Nähe musste sie schon einige Tage in dieser lebensbedrohenden Situation sein. Meine Frau und ich beratschlagten voller Panik, was zu tun sei. Ich sagte zu Elke, „das ist Privatgelände und wir können gar nichts machen".
Da die Schildkröte voller Absicht auf das Dach geworfen wurde, hatte ich auch keine Hoffnung bei dem Eigentümer des Hauses etwas zu erreichen. Betrübt gingen wir weiter mit einem ganz schlechten Gefühl in der Magengegend.
Nach etwa fünfzig Metern blieb ich stehen und sagte zu meiner Frau, „es geht nicht, ich finde keine Ruhe und muss zurück". Direkt bei dem Haus stand ein Baum, der mein Vorhaben ermöglichte. Zuerst bin ich über den Zaun geklettert und dann den Baum hinauf und mit einem Sprung auf das Flachdach. Dann schnell die Schildkröte gepackt und den gleichen Weg wieder zurück. Zum Glück hat mich bei meinem Einbruch niemand beobachtet, wer weiß, wie dieses Abenteuer ausgegangen wäre.
Auf dem Weg den See entlang überquerte plötzlich eine Hornotter die Straße vor unserem Motorrad. Schnell gebremst und die Schlange gepackt war eines, schließlich konnte sie nicht durch den leder-

nen Motorradhandschuh beißen. Das war die zweite Hornotter, die ich in freier Natur lebend gesehen hatte und entsprechend froh war ich über diesen Fang.

Am gleichen Tag kamen wir noch in ein Gelände, in dem die Hornottern recht häufig waren. Wir fanden Tiere in den abenteuerlichsten Farben, von Zitronengelb bis Ziegelrot und allem dazwischen. Heute sind diese Farbvarianten bei Terrarianer bekannt und beliebt als „Skutariseetiere" und sehr viele davon stammen von den Vipern ab, die wir damals mitgenommen haben.

Zum Glück sind Hornottern im Terrarium relativ leicht zu züchten und von einigen, der Natur entnommenen Tieren, lässt sich der Tierbestand für viele Schlangenliebhaber nachzüchten.

Heutzutage ist es zum Glück nicht mehr nötig, Schlangen der Natur zum Zweck der Terrarienhaltung zu entnehmen. Die meisten Arten werden überreichlich gezüchtet und es besteht eher das Problem, Abnehmer für die Nachtzuchten zu finden.

Leider findet dieser Umstand keinen Zugang zu Artenschutz und Gesetzgebung, immer noch ist der Verwaltungsaufwand für die Züchter beträchtlich. Selbst wenn die Tiere über mehrere Generationen in Menschenobhut gezüchtet werden.

Der Skutarisee ist auch für Liebhaber von Orchideen und anderen mediterranen Pflanzen eine Reise wert. Wir kamen gar nicht aus dem Staunen über die Vielfalt an Pflanzen und Tieren.

Um den See näher kennenzulernen, haben wir bei einem Fischer ein Boot gemietet und konnten so große Teile des Sees erkunden. Dabei fielen die riesigen Mengen an Vögeln auf, die in unvorstellbar vielen Arten den großen See bevölkerten. Damals staunte ich noch über die ersten Kormorane, die ich in freier Wildbahn sah, heute stellen sie eine Landplage dar.

Nach meinen neuesten Beobachtungen sind sie in Deutschland für die Eisvögel existenzbedrohend. Gerade im Winter sind die Teiche und Seen oft zugefroren und die Kormorane kommen an die Fließgewässer. Diese sind sehr schnell leer gefischt und für die Eisvögel bleibt nichts als der Hungertod.

Auch die Exkursionen in die nähere und weitere Umgebung des Sees führten uns in traumhaft schöne Landschaften. Überall sprangen die leuchtend roten Früchte der Granatäpfel in die Augen. Wir fuhren mit dem Motorrad durch wunderschöne und fast unberührte Flusstäler. Im Tal sattes Grün, etwas höher das weiß leuchtende Karstgestein. Einfach nur grandios.

Abend saßen wir dann bei einem Glas Bier wieder am Strand und ließen die Erlebnisse des Tages noch einmal an uns vorbeiziehen. Bis hier unten an der Grenze zu Albanien hatten sich noch kaum Touristen verirrt und wir hatten den Strand fast für uns alleine.

Später war es durch den mörderischen Krieg jahrelang nicht mehr möglich, in dieses Naturparadies zu kommen.

Leider war die Heimfahrt von diesem Paradies nicht so paradiesisch, die ganzen zweitausend Kilometer Dauerregen. Schon nach den ersten Kilometern waren unsere Klamotten durch und durch nass, dass Wasser stand in den Motorradstiefeln und der Autoput war durch Nässe und Reifenabrieb spiegelglatt. Unterwegs sahen wir einige Autos, die ins Schleudern gekommen waren und im Gelände lagen.

Glücklicherweise haben wir die Straße nicht unfreiwillig verlassen und kamen nach zwei Tagen durchfroren und erschöpft zu Hause an. Die Hornottern hatten die Fahrt gut überstanden und bezogen ihre Quarantänebehälter. Schon im nächsten Jahr hatten wir von allen Weibchen Nachwuchs und eine ganze Anzahl Terrarienkollegen konnten die schönen Tiere vom Skutarisee pflegen.

Südtirol

Schon im letzten Jahr meiner Schulzeit machte unsere Klasse eine Reise nach Südtirol. Unser Klassenlehrer hatte ein Faible für dieses Land und er wollte seinen Schülern das Land und seine Geschichte näher bringen.

Damals war der Widerstand der Südtiroler gegen die italienische Unterdrückung in vollem Gange und die legendäre Feuernacht lag ein Jahr zurück. In dieser Nacht hatten die Widerstandskämpfer um Sepp Kerschbaumer mit einer Reihe von Sprengstoffanschlägen ein Zeichen gegen die Unterdrückung durch Italien und seine Politiker gesetzt.

Der Deutschunterricht an den Schulen war verboten und gute Wohnungen standen nur den aus Italien zugezogenen Arbeitern zur Verfügung. Das auch Stellen im öffentlichen Dienst nur von Italienern besetzt wurden, war selbstverständlich. Selbst auf den Friedhöfen wurden die Namen der Toten italienisiert, die Namen der Ortschaften sowieso.

Überall im Land wimmelte es von Militär und Polizei, Italien wollte seine Unterdrückungspolitik stur fortsetzen. Dank der tapferen Südtiroler, die ihr Leben und ihre Freiheit aufs Spiel gesetzt haben, hat das Land doch eine gewisse Autonomie durchgesetzt und die Überfremdungspolitik wurde gestoppt.

Bedingt durch den jetzigen Wohlstand und die zumindest teilweise wieder erlangte Freiheit, sind die Taten der Widerstandskämpfer in Vergessenheit geraten.

Luis Trenker

Eines Abends besuchte uns Luis Trenker, der berühmte Regisseur und Filmschauspieler, in unserer Herberge. In seiner unnachahmlichen Art hat er uns viel über seine Heimat und ihre Probleme erzählt. Damals war es ihm ein großes Anliegen, möglichst viele Touristen in die Alpen zu bekommen, um der Bevölkerung die Lebensbedingungen zu verbessern. Später musste er erkennen, dass es schnell zu viele wurden und die Natur der Bergwelt stark in Mitleidenschaft gezogen wurde.
Selbst im hohen Alter hat er noch gegen die Zerstörung des Tales durch eine neue Autobahn gekämpft, leider ohne Erfolg. Dadurch, dass viele die Schönheit der Berge sehen wollen, wird eben diese Schönheit stark in Mitleidenschaft gezogen.
Unsere Klasse wohnte in einer Herberge in Frangart, einem Ortsteil von Bozen. Ganz in der Nähe hörten wir tagtäglich das Schießen von einem in der Nähe gelegenen italienischen Schießstand. Davon, dass in unmittelbarer Nähe Südtiroler Freiheitskämpfer zum Teil bis zum Tod brutal gefoltert wurden, haben wir nichts mitbekommen.
Später hat die italienische Regierung diese Folterungen bestritten, es gibt aber reichlich Beweise dafür. Zum Beispiel viele Briefe der Häftlinge aus den Gefängnissen und Untersuchungsberichte von Ärzten. Täglich machten wir Reisen zu den Burgen und Kirchen der Umgebung und lernten viel über die Geschichte des Landes.
Auf diesen Ausflügen habe ich meine ersten lebenden Schlangen in freier Natur gesehen und war sofort fasziniert von diesen eleganten Tieren.
Viele Jahre später bin ich mit meiner Frau wieder in dieses Land gefahren, diesmal mit dem Ziel, Schlangen zu finden.
Wir wohnten in Meran und machten täglich Ausflüge in die umliegende Bergwelt. Damals haben wir unsere Liebe für die Dolomiten und hier besonders für das gewaltige Sellamasiv entdeckt.
Bei einer Wanderung durch die Umgebung von Meran sah ich unter einem Grasbüschel eine Schlange liegen und dachte sofort „das ist

eine Ringelnatter". In meinem Leichtsinn habe ich sofort zugepackt und hatte die Schlange glücklicherweise hinter dem Kopf erwischt.
Voller Schreck habe ich nun gesehen, dass ich statt einer Ringelnatter eine giftige Aspisviper erwischt hatte. Noch mal Glück gehabt und schnell in die Freiheit mit dem Tier. Ansonsten haben wir in diesem Urlaub keine Schlangen gesehen.
Aber dafür etliche der herrlich gefärbten Smaragdeidechsen. Diese Art kommt zwar auch in einigen südlichen Teilen von Deutschland vor, diese sind aber mit den Eidechsen des Südens weder in Größe noch in Färbung zu vergleichen.
Schon oft hatten wir von der außergewöhnlich gefärbten Hornotter aus der Umgebung von Bozen gehört. Diese Tiere waren so selten in Terrarien, dass keine zu erhalten waren. Daher beschlossen wir, unser Glück noch mal im schönen Südtirol zu versuchen.
Diese Schlangen bewohnen die Porphyrhalden von Bozen Richtung Auer. Die Suche in diesen Halden erwies sich als außergewöhnlich schwieriges Unterfangen. Die riesigen Steinplatten lagen auf äußerst instabilem Untergrund und drohten, mit uns abzurutschen.
Tatsächlich habe ich eine weibliche Hornotter beim Sonnen auf solch einer Steinplatte entdeckt und mit viel Glück auch fangen können. Leider blieb es bei der einen, wir kannten das ganze Areal und die Lebensgewohnheiten der Schlangen noch zu wenig.
Bei einem späteren Besuch haben wir an einem bewaldeten Hang tatsächlich noch ein Männchen fangen können. Meine Frau beobachtete das Tier von oben und ich pirschte mich von unten an. Da ich die Otter von unten nicht sehen konnte, hat mich Elke von oben dirigiert und ich konnte sie wirklich packen.
Wir haben dann noch einiges vom Gestein aus dem Lebensraum der Schlangen mitgenommen, damit wir die Terrarien naturgemäß einrichten konnten.
Auch von diesen Hornottern hatten wir ein Jahr später Nachtzuchten, was zu dieser Zeit eine große Seltenheit war. Damit war der Bestand der Südtiroler Hornottern in den Terrarien unserer Bekannten gesichert.

Heute wird auch diese Art häufig gezüchtet und es braucht wirklich niemand mehr die Tiere der Natur entnehmen.

Leider sieht es im Lebensraum dieser Vipern nicht so gut aus, die Halden werden in großem Maß abgebaut und mit dem Lebensraum verschwinden auch die Schlangen.

Damit war der Fang von Reptilien für uns beendet, alles andere an gewünschten Tieren konnten wir als Nachtzuchten erwerben.

Heutzutage wären diese Fangaktionen höchst illegal, damals waren Reptilien in Europa weitestgehend Freiwild. Im Normalfall wurden sie erschlagen, wo immer sie entdeckt wurden, daher hatten wir beim Fangen auch keine Gewissensbisse.

Jedoch haben wir auch weiterhin diese Porpyrhalden aufgesucht, um die Schlangen zu sehen und möglichst zu fotografieren. Noch immer schlägt das Herz schneller bei dem Anblick dieser wunderschönen Tiere. Dabei hatten wir einmal ein unschönes Erlebnis, das mit Schlangen allerdings nichts zu tun hatte. Wir kamen aus dem Steinbruchgelände zurück und haben gerade die Kletterschuhe ausgezogen, als ein Auto mit zwei jungen Italienerinnen neben uns parkte. Wir hatten gerade die Schuhe gewechselt, als die Damen wieder wegfuhren. Zu dem Zeitpunkt, als ich mich ins Auto gesetzt hatte, hörten wir einen lauten Knall und im Rückspiegel sah ich ein Motorrad durch die Luft fliegen.

Ich sagte zu Elke nur „Scheiße, es hat geknallt" und sprang aus dem Auto. Die zwei Mädchen hatten beim Einbiegen auf die Landesstraße zwei Motorradfahrer übersehen und waren ihnen direkt vor die Maschinen gefahren. Die Motorradfahrer hatten nicht mehr die geringste Chance zu reagieren und knallten in die Seite des Autos. Dabei kippte der kleine Fiat auf die Seite und fing sofort an zu brennen.

Zum Glück (in diesem Fall) waren die Mädchen nicht angeschnallt und konnten sich selbst aus dem Auto befreien. Sie hatten schwere Verletzungen und wir haben sie aus der Gefahrenzone gebracht.

Die anderen Autofahrer hatten nur das Ziel, schnell an der Unfallstelle vorbeizukommen und ließen uns mit den Schwerverletzten alleine.

Als ich dann zu dem ersten Motorradfahrer kam, schwante mir nichts Gutes. Der Mann röchelte laut und aus dem Mund lief etwas Blut. Ich konnte ihn nur in die Seitenlage bringen und die Atmung überwachen.

Elke war zu dem anderen Motorradfahrer gegangen, der war zum Glück nicht so schwer verletzt. Offensichtlich hatte er nur einen Beinbruch und Prellungen.

Das Auto, neben dem der erste Motorradfahrer lag, brannte immer stärker und auch für mich wurde der Platz bei dem Verletzten immer ungemütlicher. Die Mädchen hatten offensichtlich einige Spraydosen im Auto und die explodierten nacheinander. Da ich nicht wusste, was für Verletzungen der Mann hatte, traute ich mich nicht, ihn ein Stück weg zubringen. Plötzlich hörte die Atmung auf und auch Herzschlag konnte ich nicht mehr erkennen.

In der Vorstellung stellt man sich eine solche Situation höchst dramatisch vor, durch den ganzen Stress beeindruckt sagte ich zu Elke nur „ich glaube er ist hin".

Glücklicherweise blieben jetzt die ersten Autofahrer stehen und ich konnte den Ersten anweisen, per Handy Polizei und Rettungsdienst anzurufen. Zwei andere haben mich dann bei dem Verletzten unterstützt und wir haben ihn vorsichtig von dem brennenden Auto weggezogen und Wiederbelebung versucht.

Sehr schnell kamen dann Feuerwehr, Polizei, zwei Rettungshubschrauber und zwei Notarztwagen. Wir kamen uns plötzlich vor wie in einem Heerlager. Der leblose Motorradfahrer wurde an alle Maschinen angeschlossen, dem anderen wurde das gebrochene Bein geschient und die Mädchen wurden sofort in ein Krankenhaus gefahren.

Leider war unser Auto in dem Feldweg eingesperrt, und wir mussten warten, bis der ganze Platz geräumt war. Zu tun hatten wir ja nichts mehr und es hat uns auch keiner mehr zur Kenntnis genommen.

Bei unseren Gastgebern haben wir abends im Fernsehen noch einen Bericht über den Unfall gesehen. Was aus dem Motorradfahrer geworden ist, haben wir nicht mehr erfahren. In dem Fernsehbericht wurde lediglich gesagt, dass er einen Leberriss habe und Lebensgefahr bestehe.

Noch ein kurzes Erlebnis hatte ich in diesem Land mit einer Schlange, das wert ist, berichtet zu werden. Auf dem Weg auf die Sella am Passo Pordoi, kurz vor dem deutschen Soldatenfriedhof, sah ich eine Schlange in einer Höhlung verschwinden.

Eine Schlange in 2240 Metern Höhe ist sehr ungewöhnlich, sind diese wechselwarmen Tiere doch auf Wärme von außen angewiesen. Selbst können sie normalerweise keine Körperwärme erzeugen. Lediglich Pythons können durch Muskelkontraktion beim Ausbrüten des Geleges eine Steigerung der Körpertemperatur erreichen. Leider habe ich die Schlange nur kurz gesehen und bei späteren Kontrollen nie mehr wieder. So konnte ich die Art nicht bestimmen, ich vermute, dass es eine Schlingnatter war. Wie sie mit der Temperatur und dem Nahrungsangebot klarkommt, ist ihr Geheimnis.

Bei all den Wanderungen und Kletterpartien habe ich nie ein Edelweiß gefunden, das änderte sich aber schlagartig bei einer Tour zum Col di Lana.

Schon immer wollte ich auf diesen berüchtigten Berg, der im Ersten Weltkrieg so viel Blut getrunken hat. Auf dem Gipfel hatten sich österreichische Kaiserjäger und Deutsche verschanzt, die Italiener versuchten unter irrsinnigen Verlusten, den Berg zu stürmen. Im Endeffekt haben sie den Gipfel mit den Verteidigern in die Luft gesprengt. Luis Trenker hat dieses Geschehen anschaulich in seinem Film „Berge in Flammen" geschildert.

Bei dem langen Weg zum Col di Lana waren wir plötzlich in einer wahren Wiese von Edelweiß. Man könnte sagen, Edelweiß und Granatsplitter wechselten sich ab.

Der Gipfel des Berges war einfach nur grausig, überall von Sprengungen zerrissener Fels.

An den Flanken des Berges waren noch eine Menge Stollen zu sehen, die wahrscheinlich zur Sprengung in den Fels gebohrt waren. Um Menschen umzubringen, ist offensichtlich keine Anstrengung zu groß.

Gambia

Der nächste Ausflug führte uns nach Gambia, wo wir neben Erholung auch Skorpione suchen wollten.
Unser Wiesel „Susi" war gerade gestorben. So konnten wir wieder einen größeren Urlaub machen und hatten diesen nach dem Drama „Susi-Ende" auch dringend nötig. Schon die Zwischenlandung in Dakar war eine Überraschung, Regen am Rande der Sahara. Leider konnten wir in Dakar das Flugzeug nicht verlassen, aber an der offenen Tür schnupperten wir schon mal die Luft von Afrika.
Nach einem kurzen Weiterflug landeten wir dann in Banjul und waren jetzt mitten in Schwarzafrika. Da sich unser Abflug in Frankfurt schon verzögert hatte und auch die Zwischenlandung einige Zeit in Anspruch genommen hatte, kamen wir in unserem Hotel mitten in der Nacht an. Hier machten wir die ersten Erfahrungen mit der Mentalität der Afrikaner. Alles brauchte seine Zeit und wir waren nachts um drei Uhr hundemüde und wollten nur noch ins Bett.
Am nächsten Morgen konnten wir das luxuriöse Frühstück mit vielen Früchten Afrikas genießen. Die Ernüchterung kam, als wir anschließend das Hotel verließen, um uns in der Natur umzusehen.
Vor dem Eingang des Hotels lauerte eine Menge Jugendlicher, welche sich als „Gaid" andienen wollten. Das Wort „Nein", egal in welcher Sprache, war diesem aufdringlichen Haufen absolut unbekannt. Einer lief einfach hinter uns her, als er nach zwei Stunden kein Geld für die nicht erwünschte „Hilfe" erhielt, schaute er reichlich belämmert. Diese ständige und auch unverschämte Aufdringlichkeit trübte den Besuch in diesem eigentlich reizvollen Land beträchtlich.
Am nächsten Tag haben wir uns einen dieser Burschen als „Gaid" engagiert, mussten aber feststellen, dass er bei jeder Gelegenheit versuchte, uns zu übervorteilen. Das hat dann sein Trinkgeld am Ende des Urlaubes auf nur noch einen geringen Betrag sinken lassen.
Gambia ist ein sehr fruchtbares Land, die Männer haben aber eine starke Abneigung gegen alles, was nach Arbeit aussieht. Das ist

unter ihrer Würde, damit sollen sich die Frauen auseinandersetzen. Die Frauen haben es auch tatsächlich geschafft, dass die ganze große Familie sauber angezogen war und alle zu essen hatten. Und das unter den erbärmlichsten Lebensbedingungen, die Hütten in den Slums waren total überbevölkert.

Eine Familie mit Großeltern und bis zu zehn Kindern bewohnte einen Raum, der uns als Wohnzimmer für zwei Personen nicht reichen würde. Die Männer dieses Landes haben uns immer wieder mit Abneigung erfüllt, wenn man nach dem Weg fragte, kam statt einer freundlichen Antwort immer nur die aufgehaltene Hand.

Die Geisel von Gambia, wie überhaupt großer Teile Afrikas ist Aids. Überall in den Straßen sieht man Menschen, denen die Krankheit auf den ersten Blick anzusehen ist. Leider haben die Medizinmänner das Märchen in die Welt gesetzt, dass durch das Schlafen mit einer Jungfrau die Krankheit besiegt werde. Dadurch werden reihenweise Mädchen von zehn Jahren oder jünger vergewaltigt.

Dadurch wird die Weiterverbreitung der Krankheit fleißig gefördert. Als Gipfel ihres Gehabes hat uns allen Ernstes ein Lehrer einzureden versucht, die Beschneidung der Frauen sei ein Ausdruck der Emanzipation.

Nach einigen Tagen hatten wir aber ein genügend dickes Fell, um uns gegen die permanente Aufdringlichkeit der jungen Männer durchzusetzen.

Da wir das Land während der Trockenzeit aufgesucht hatten, waren die Funde an Skorpionen äußerst dürftig. Lediglich einen Buthus occitanus habe ich bei einem Ausflug entdeckt, allerdings sind Skorpione bei einem kurzen Ausflug ohnehin schwer zu finden. Nach Auskunft eines Rangers wimmelt es in der Regenzeit von dem großen Schwarzen (Kaiserskorpionen).

Sehr viel Freude hatten wir mit den häufig vorkommenden Geiern; bei den haufenweise herumliegenden Abfällen kein Wunder.

Ohne diese beeindruckenden Vögel würde dieses Land im Müll ersticken. So werden jedenfalls die organischen, gesundheitsgefährdenden Abfälle entsorgt. Welcher Art diese Abfälle sein können, erlebten wir auf schockierende Weise bei einer längeren Fahrt durch das Land.

In der Nähe einer Ortschaft sah ich ein Kleiderbündel in einem Feld liegen.

Bei genauerem Hinsehen entpuppte sich dieses Bündel als menschliche Leiche, die schon einige Wochen auf diesem Feld lag. Wenn einen Toten keiner kennt, kümmert sich auch niemand darum. Als einige Tage später ein toter Fischer an unserem Strand angespült wurde, erlebten wir noch eine Überraschung. Als keiner der Umstehenden den Toten kannte, wurde er kurzerhand direkt am Strand verscharrt.

Dieser Urlaub bescherte uns Einblicke in uns unbegreifliche Lebensgewohnheiten und Sitten. Die afrikanische Landschaft wirkte auf uns grandios, wir konnten uns an dieser, für uns so fremden, Flora nicht sattsehen.

Auf einer Fahrt durch das Land sahen wir viele Spuren der unrühmlichen Vergangenheit des Sklavenhandels.

Auf einer Insel besichtigten wir ein Fort, auf dem die Sklaven bis zu ihrer Verschiffung gefangen waren. Als Touristenattraktion kann man das Dorf besichtigen, aus dem Kunta Kinte, der unfreiwillige Held des Filmes Roots, stammte.

Hier wurden wir einer Frau vorgestellt, die als Urahnin von Kunta Kinte bezeichnet wurde und die von der offenen Hand lebt.

Auf dem Heimflug erlebten wir noch ein Beispiel afrikanischer Unbekümmertheit. Bei der Zwischenlandung in Dakar setzte das Flugzeug zum Start an und wurde rasch deutlich schneller. Plötzlich wurde es vom Piloten radikal gebremst und zur Seite gesteuert. Kurz darauf kam vom Piloten die Erklärung, die Fluglotsen hatten ein landendes Flugzeug übersehen und nur durch die Umsicht unseres Piloten war ein Zusammenstoß verhindert worden.

Libyen

Unsere nächste Reise nach Afrika führte uns in die Sahara, genauer nach Libyen. Diese größte Wüste der Welt wollten wir schon immer kennen lernen und nun erschien uns der Augenblick gekommen. Jahrelang war Libyen aufgrund der Isolation Muammar al Gaddafi durch Amerika und damit der westlichen Welt, für Touristen nicht erreichbar. Jetzt hat es sich dem Westen geöffnet und bietet dem aufgeschlossenen Touristen kulturell und von seiner herrlichen Wüstenlandschaft her einen sehr interessanten Urlaub.

Allerdings nicht für Urlauber vom Typ „Ballermann". Alkohol ist verboten und für Pauschalurlauber wird auch nichts geboten. Wer jedoch die kulturellen Schätze von Leptis Magna, Sabratta, dem Museum in Tripolis und all der anderen historischen Stätten zu würdigen weiß, ist hier genau richtig. Auch zum richtigen Zeitpunkt, denn noch hat kein Massentourismus eingesetzt und man kann die Hinterlassenschaften einer bedeutenden Hochkultur studieren.

Leider ist der Lebensraum Wüste im Niedergang. Durch die verstärkte Nutzung des Grundwassers fallen immer mehr Oasen trocken. Damit wird Menschen, Tieren und Pflanzen die Lebensgrundlage entzogen. Spätere Generationen werden die Sahara in ihrer jetzigen Form nicht mehr kennenlernen.

Gerade die Jahrtausende alte Kultur der Tuareg ist am Verschwinden. Ihre Tiere finden keine Nahrung und kein Wasser mehr und die Nomaden geben ihre Traditionen auf und ziehen in die Städte. Die Besucher der Sahara in späteren Jahrzehnten werden nur noch Stein und Sand sehen, die vielfältige Wüste wird verschwunden sein.

Wir kamen gerade noch im richtigen Augenblick, Muammar Abu Minyar al Gaddafi hatte den Tourismus gerade erst ermöglicht aber es war vieles noch nicht zerstört.

Nach der Landung in Tripolis kommt die erste Überraschung. Diese Großstadt präsentiert sich mit modernen Gebäuden und einem geordneten Verkehr, der so gar nicht afrikanisch wirkt. Auch unser

Hotel war sehr modern und bot uns noch eine luxuriöse Nacht vor dem Trip in die Wüste.

Wir hatten einen Urlaub in einer kleinen Reisegruppe von sechs Personen gebucht, der mit einer Reise zu den besonderen kulturellen Sehenswürdigkeiten begann und in einer sechstägigen Wüstentour mit Kamelen gipfelte. Wie ungewöhnlich war es für uns, durch die riesige Anlage von Leptis Magna zu gehen, ohne auf andere Menschen zu treffen. Historische Bauwerke ohne Ende und keine Menschenmassen beim Bestaunen, das war für uns Mitteleuropäer unbegreiflich.

Der Veranstalter hatte an jedem Ort für sachkundige Führung gesorgt, daher konnten wir die große Menge an Gesehenem halbwegs verarbeiten.

Alleine für die Besichtigung des riesigen Areals von Leptis Magna hätten wir mehrere Tage gebrauchen können. Die immer noch beeindruckenden Reste monumentaler Bauwerke mit riesigen Säulenhallen ließen uns aus dem Staunen nicht herauskommen. Dazu die großen Tempelanlagen und auch die Reste bürgerlichen Lebens.

Am Amphitheater konnten wir uns in die Zeit von vor zweitausend Jahren mit ihren blutrünstigen Darbietungen in Gedanken zurückversetzen. Was für Qualen haben hier Gladiatoren, Kriegsgefangene und andere Menschenopfer zur Volksbelustigung aushalten müssen?

In der Nähe besichtigten wir die beeindruckende Villa eines bedeutenden Römers. Leider waren die herrlichen Bodenmosaike kaum geschützt und zum Teil schon zerstört. Die Ausstattung und die Wandgemälde vermittelten einen schönen Eindruck vom Leben der gehobenen Kreise damals.

Anschließend besichtigten wir das Museum von Tripolis. Der Besuch ist jede Minute wert. Die Aufzählung all der kulturellen Reichtümer darin erspare ich mir, man muss es mit eigenen Augen gesehen haben.

Die nächste Ausgrabungsstätte war Sabratta. War Leptis Magna die Stadt der Paläste und Tempel, so war Sabratta die Stadt der Künste.

Allerdings stärker zerstört als Leptis Magna, nach der Ausgrabung durch die Italiener aber zum Teil wieder aufgebaut.
Von der Küste aus ging die Reise in das Innere der Sahara Richtung Ghadames. Der erste Stopp war an einer Tankstelle, in der Wüste muss jede Tankmöglichkeit genutzt werden. In der Tankpause habe ich die Umgebung der Tankstelle nach Skorpionen durchsucht. Tatsächlich habe ich schnell mehrere beeindruckende Sahara Dickschwanzskorpione (Androctonus australis) gefunden. Außerdem zwei Androctonus bicolor, die sich unter leicht feuchten Stoffresten verborgen hatten. Im weiteren Verlauf der Reise habe ich nie wieder eine so große Menge an Skorpionen gefunden, vermutlich war das Nahrungsangebot infolge der Abfälle ungewöhnlich günstig.
Die Etappe für die nächsten hundert Kilometer ging durch Steinwüste. Liegen gebliebene Autos am Wegrand waren durch Wind und Sand blitzblank gescheuert.
Der Anblick der von jedem Lack befreiten Fahrzeuge wirkte äußerst befremdlich.
Stundenlang sind wir durch diese schwarze Steinwüste gefahren, der Sandanteil der Sahara ist bei weitem nicht so groß wie der Laie vermutet und liegt bei etwa zwanzig Prozent.
Bei einem Stopp inmitten der Steinwüste habe ich am Rand der Straße unter Steinen nach weiteren Skorpionen gesucht. Unser Tuaregfahrer wollte mir dabei unbedingt behilflich sein und machte sich ebenfalls daran, Steine zu drehen. Tatsächlich hatte er auch schnell Erfolg und einen großen Sahara Dickschwanzskorpion gefangen. Während ich immer eine Pinzette parat hatte, um Skorpione zum Bestimmen und Fotografieren halten zu können, hat der Tuareg den Skorpion mir der bloßen Hand gehalten. Zu allem Überfluss hat er den Skorpion auf die Straße gesetzt und mit ihm rumgespielt. Bevor ich ihn zur Vorsicht ermahnen konnte, hatte er auch schon einen Stich weg.
Die nächsten zwei bis drei Stunden hatte er infolge des Stichs heftige Schmerzen in der Hand, die er sich jedoch nicht anmerken lassen wollte.

Auf dem Weg in die Sahara besichtigten wir eine alte Speicherburg. Hier wurden Vorräte für die Karawanen gelagert und gegen Plünderer verteidigt. Das war ein runder Bau mit mehreren Stockwerken in der Ringmauer. Darin sahen wir noch Reste von Amphoren und anderen Aufbewahrungsgefäßen.
Weiter ging es nach Nalut, einer verlassenen Stadt in der Wüste. Da noch ziemlich alles erhalten war, vermittelte sie einen schönen Eindruck vom Leben der Wüstenvölker. Beim Bummel durch diese Stadt konnten wir Werkzeuge und andere Gerätschaften der früheren Bewohner betrachten. Vor allen Dingen war eine alte Olivenpresse sehr interessant, dieses Teil war noch vollständig erhalten.
Von dieser erhöht liegenden Stadt hatten wir einen wunderbaren Blick auf die umliegende, bergige Wüstenlandschaft.
Das nächste große Ziel war die sagenhafte Wüstenstadt Ghadames. Zur Zeit der großen Karawanen war sie das Zentrum des Saharahandels. Heute ist sie Weltkulturerbe. Die Karawanen vom Niger zum Mittelmeer machten hier Station, daher war sie sicherlich die wichtigste Oase der Garamanten. Die Altstadt ist mittlerweile unbewohnt aber noch sehr schön erhalten. Eine Wohnung ist für die Besucher zugänglich und verblüfft mit ihrer Überladenheit und Buntheit.
Außerhalb der Altstadt befinden sich ein sehenswertes Museum und ein neues Hotel, in dem wir die nächste Nacht verbrachten.
Direkt vor uns überquerten zwei Berberfrauen die Straße, die waren ein eigenartiger Anblick. Weniger wegen Ihrer Gewänder als durch eine ungeheure Last, welche sie auf dem Rücken trugen und unter der sie fast verschwanden.
Am Abend wanderten wir zu der etwa einen Kilometer entfernten Neustadt und die Damen konnten eine Shoppingtour machen. Hier haben wir uns auch die Gesichtsschleier gekauft, die uns bei der Kamelsafari sehr zu Hilfe kamen. Der Tuareg, der mir das Tuch verkaufte, hat mich auch gleich in die Kunst des Wickelns dieses Hitzeschutzes eingewiesen. Durch die lockere Trageweise dieses Tuches ist man gut vor dem Sand geschützt.

Zurück im Hotel haben wir noch andere Saharareisende getroffen und die Zeit verging auch ohne Alkohol wie im Flug.
Weiter ging es ins Innere der Sahara, die Zeit der Hotelaufenthalte war vorerst zu Ende und die Nächte im Zelt standen uns bevor.
Mit großer Ehrfurcht bestaunte ich die ausgegrabenen Reste von Germa, der weitläufigen Hauptstadt der Garamanten. Dieses Volk mit seiner bedeutenden Hochkultur ist den Menschen in Europa weitestgehend unbekannt geblieben, obwohl es zu Zeiten des römischen Weltreichs eine wichtige Handelsmacht darstellte. Leider waren die Gebäude aus Lehm errichtet und die Reste entsprechend zerfallen. Bei den Ausgrabungen wurde einiges an Alltagsgegenständen gefunden, die zum Teil an Ort und Stelle besichtigt werden können. Funde von Mumien lassen vermuten, dass die kultische Mumifizierung von den Garamanten nach Ägypten gelangte. Durch Felsgravuren ist belegt, dass die Garamanten schon mit Pferde bespannten Streitwagen in den Krieg zogen. Vermutlich sind die Tuareg die Nachfahren der sagenhaften Garamanten, sie sind auch in der Lage, die alten Schriften in den Felsen zu lesen.
Nach der Besichtigung von Germa haben wir uns mit einer Gruppe Tuareg getroffen, welche die Reitkamele für uns dabei hatten.
Vom Allradfahrzeug sind wir für eine Woche auf Kamele umgestiegen und mit den Tuareg durch die Wüste gezogen. So eine Kamelsafari ist eine beschauliche Angelegenheit, alles geht buchstäblich Schritt für Schritt. So sind wir durch das Akakus Gebirge gezogen, wohl eine der schönste Gegend der Sahara.
Durch die ruhige Gangart der Kamele kann man sich in aller Ruhe der Landschaft widmen, die im Akakus Gebirge mit ihren Felsformationen wirklich sehenswert ist.
Während des Rittes habe ich immer wieder Ausschau nach Steinwerkzeugen und Scherben gehalten. Die Sahara ist seit zehntausenden von Jahren Siedlungsgebiet und im Wechsel mit Trockenperioden gab es auch immer wieder Zeitabschnitte mit häufigerem Niederschlag und entsprechend dichterer Bevölkerung.
Die Reste dieser Besiedlung sind in Form von Steinwerkzeugen, Scherben und auch Pfeilspitzen gar nicht so selten zu finden. Frei-

lich muss man ein Auge für so etwas haben, die anderen Teilnehmer der Reise haben kaum etwas gefunden. Zwischendurch haben wir eine Gruppe Tuareg getroffen, die uns Pfeilspitzen zum Kauf angeboten haben. Mich beschlich ein starker Verdacht, dass diese „historischen Fundstücke" gar nicht so alt waren und für die Touristen extra angefertigt wurden.

Sehr erleichtert waren wir, als sich das Ende der Steinwüste abzeichnete und am Horizont die mächtigen Sanddünen von Murzuk auftauchten, tagelang nur schwarzer Stein ist auf die Dauer für das Auge sehr ermüdend.

Am nächsten Morgen habe ich die Umgebung unseres Lagerplatzes sorgfältig nach Spuren von nächtlichen Tieren durchsucht und wurde schnell fündig. Am häufigsten fand ich die Spuren von Wüstenmäusen, weiterhin Spuren von Wüstenfüchsen, Wüstenwaranen und auch einige Spuren von Hornvipern. Letztere hörten an einem Pflanzengewirr auf, die Schlange konnte ich aber nicht finden. Die Hornvipern wühlen sich geschickt in den lockeren Sand ein, aber eine gründliche Suche war mir zu gefährlich. So abgelegen in der Wüste hätte ein möglicher Biss einer Viper sehr unangenehm enden können.

Einige Male begegneten wir Touristentruppen mit Jeeps, welche uns mit unseren Kopftüchern und in Begleitung von Tuaregs ebenfalls für Tuaregs hielten. In so mancher Diaschau tauchten wir später bestimmt als Wüstennomaden auf. Das Binden der Gesichtsschleier hatten den meisten unserer Gruppe unsere Tuaregführer gleich am Anfang der Reise beigebracht. Diese Schleier erwiesen sich als sehr praktisch, sie hielten Sonne und Sand ab und saßen trotzdem ganz locker und stauten keine Hitze.

Nach stundenlangem Kamelritt durch die Wüste wurden am Nachmittag die Zelte aufgebaut und die Vorbereitungen für das Abendessen getroffen.

Waren wir den Tag über alleine mit Kamelen und Tuareg, kam am Abend unser Begleitfahrzeug mit Getränken, Essen und den Zelten. Unterwegs hatten wir oder die Tuareg Holz gesammelt und am Abend wurde ein Feuer entzündet. In der Dunkelheit versammelten wir uns alle um das Feuer und unsere Führer stimmten ihre alten Gesänge an.

Zu unserer Sicherheit hatten wir während der ganzen Reise einen Polizeioffizier als Begleitung dabei. Mit ihm hatte ich sehr schnell ein geradezu freundschaftliches Verhältnis und am Lagerfeuer erfreute er uns mit gesungenen Parodien auf die einzelnen Mitglieder unserer Gruppe.

Sehr beeindruckend waren die Nächte in der Sahara. Bedingt durch die geringe Luftfeuchtigkeit war der Sternenhimmel überwältigend. Solch einen klaren Himmel kennen wir aus Europa nicht, man hat den Eindruck, es gäbe doppelt so viele Sterne. Dazu kam die unbeschreibliche Stille; absolut kein Geräusch zu hören, ist für uns Zivilisationsmenschen ganz neu. Bedingt durch die Stille und Einsamkeit wirkt die Wüste spirituell sehr stark auf die Besucher. Ein Spruch der Tuareg besagt „Wer in die Wüste geht, kommt als ein Anderer zurück".

Jeden Abend habe ich mich für eine Stunde von unserer Gruppe zurückgezogen und bin alleine ein Stück in die Wüste gegangen. Nur so konnte ich voll und ganz die Wüste auf mich einwirken lassen. Auch morgens war ich als erster auf und habe einen Berg in der Nähe bestiegen, um den Sonnenaufgang in dieser grandiosen Weite zu genießen. Durch die aufgehende Sonne verändern sich die Farben der Felsen und des Sandes im Minutentakt.

Diese Sonnenaufgänge brennen sich für das ganze Leben ins Bewusstsein ein. Ohne das tiefe Erleben der Sahara und ihrer kargen und trotzdem überwältigenden Landschaft wäre mein Leben um vieles ärmer. Oft fand ich bei den anschließenden Wanderungen in der Umgebung unseres Lagerplatzes Spuren früherer Kulturen.

Immer wieder Felsgravuren und auch oft Scherben von Gefäßen. Auf einem Berg fand ich die Reste eines steinzeitlichen Arbeitsplatzes. Hier waren aus dem harten Gestein Werkzeuge hergestellt worden und überall lagen die Reste der Bearbeitung herum. Auch noch heute kann man in dieser Weite und Einsamkeit Unentdecktes finden.

Während des Kameltrekkings ging ich die meiste Zeit zu Fuß, dabei konnte ich die durchwanderte Landschaft wesentlich besser erkunden und habe dabei auch manchen einsamen Abstecher gemacht. Die Kamele gingen sehr geruhsam, daher hatte ich genug Zeit für Extratouren.

Einmal fand ich dabei einen riesigen Meteoritenkrater. Für die Durchquerung des Kraterbodens brauchte ich fast eine halbe Stunde.

Schwierig wurde es manchmal, wenn ich alleine Felsformationen in der Umgebung unseres Lagers erkundete. In dieser mir unbekannten Landschaft war der Rückweg oft nur nach langer Suche zu finden. Die Sonne stand fast genau über mir und die Richtung zum Lager konnte ich nur erraten. Dabei kam so mancher Kilometer an Umweg zusammen, der dann aber auch mit vielen neuen Eindrücken belohnt wurde.

Da ich meine Extratouren überwiegend in der Mittagshitze unternommen habe, waren die Strapazen auch nicht zu verachten. Herrschten ja dann Temperaturen von über fünfzig Grad und Schatten gab es keinen. Aber nur so konnte ich dem allgemeinen Trott entrinnen und einsame und unberührte Stellen finden. Die Sonne hat mir dabei merkwürdigerweise nicht geschadet, während der ganzen Reise hatte ich keinen Sonnenbrand.

Erstaunt war ich, wenn ich das Skelett eines Kamels fand, trotz der Größe des Tieres waren nur wenige Knochen zu finden. Die Tiere sind offensichtlich so leicht gebaut, dass selbst an Knochen gespart wird.

Eines Abends hatten wir das unheimliche Erlebnis eines kleinen Sandsturmes in den Dünen. Diese Stürme sind in der Sahara sehr gefürchtet und können mehrere Tage dauern.

Unserer war zum Glück nur ein kleiner, er dauerte lediglich eine Nacht. Es ist sehr gespenstisch, im Zelt zu liegen und den Sand permanent gegen die Plane prasseln zu hören. Immer wieder habe ich hinausgeschaut, um zu sehen, wie weit unser Zelt im Sand verschwunden war.

Bei der Passage einer Steinwüste durchquerten wir die versteinerten Reste eines Waldes. Überall in dem Gelände lagen die zu Stein gewordenen Baumstämme und Bruchstücke davon. Das war für uns ein sehr deutlicher Beleg für eine fruchtbare Vergangenheit der Sahara.

Immer wieder kamen wir an ganzen Gruppen von Wüstenkürbissen vorbei. Es wirkt befremdlich, diese sattgrünen Gewächse mitten in der Wüste zu sehen. Wie ich später erfahren habe, wird dieses Gewächs vom Fraunhofer Institut näher erforscht, da seine dem Wüstenwind trotzende Oberfläche für Beschichtungen zum Vorbild werden könnte. Die Natur bietet auch heute noch vieles, was der Entwicklung neuer Produkte nützlich ist. Von diesen Wüstenkürbissen haben wir uns einige mitgenommenen, getrocknet halten sie jahrelang.

Am Ende des Kameltrekkings besuchten wir die Felsmalereien im Wadi Mathendous. Diese bis zu zehntausend Jahre alten Gravuren zeigen ein üppiges Tierleben und bringen den Beweis für eine fruchtbare Vergangenheit der Sahara. Selbst Krokodile sind da abgebildet, allerdings gibt es auch heute noch eine Restpopulation von Krokodilen in einigen Oasen.

Diese Krokodile sind wahrscheinlich sehr eng mit dem Nilkrokodil verwandt und waren bis vor einigen Jahrzehnten in den Oasen der Sahara gar nicht so selten. Ein bekloppter Franzose hatte es sich leider zum Freizeitvergnügen gemacht, diese eher harmlosen Reptilien abzuknallen. Daher sind heute nur noch kümmerliche Reste vorhanden, welche vermutlich bald dem Grundwasserrückgang zum Opfer fallen.

Durch die verstärkte Abpumpung des Jahrtausende alten Wüstenwassers fallen die meisten Oasen trocken.

Das allmähliche Austrocknen der Sahara wird besonders deutlich bei einem Besuch der Mandara Seen.

Zwischen dem Wadi Adschal und Wadi Schiati befindet sich eine Kette von Seen mit salzhaltigem Wasser.

Die Ufer säumen relativ dicht stehende Palmen.

Dieses ehemalige Wunder in der Wüste fällt immer mehr trocken. Aber auch jetzt noch ist es ein unwirklicher Eindruck, nach stundenlanger Fahrt durch die Wüste diese Seen mitten im Sand zu sehen. Aber von Jahr zu Jahr wird das Wasser weniger und irgendwann sind nur noch Salzpfannen übrig.

Schnell war die ganze Reisegruppe im Wasser, um zu baden. Schwimmen war sehr schwer und untergehen nicht möglich. Durch den hohen Salzgehalt des Wassers konnte man sich einfach auf das Wasser legen.

Aufgrund der Versalzung der Seen waren die umliegenden Häuser verlassen, Menschen konnten hier nicht mehr leben. Einige Tuareg hatten hier ihre Zelte aufgebaut, um Souvenirs an die seltenen Touristen zu verkaufen. Von Ihnen konnte ich einen alten Dolch erwerben, die angebotenen Schwerter waren mir für die Weiterreise zu sperrig.

Rund um die Seen wuchsen große Mengen Dattelpalmen, welche im Kontrast mit den Sanddünen im Hintergrund bezaubernd wirkten. Die früheren Bewohner dieser Gegend haben die Krebse dieser Gewässer gefangen und hatten daher den Spitznamen „Wurmesser".

Der Aufbruch von den Mandara-Seen stimmte mich sehr traurig, war es doch der Abschied von der Wüste und ich weiß nicht, ob wir sie jemals wieder sehen werden.

Zurück in Tripolis nutzten wir die verbleibende Zeit bis zum Abflug zu einem Besuch des Marktes. Ein Markt in Libyen ist total anders als vergleichbare Märkte in Afrika oder auch anderen arabischen Ländern. Man vermisst direkt die sonst übliche Aufdringlichkeit, nirgends wird man bedrängt, das Angebot eines Händlers zu besichtigen. Die Menschen sind zurückhaltend freundlich, erfahren sie, das man aus Deutschland kommt, ist der Kontakt ausgesprochen herzlich.

Geschockt waren wir beim Besuch eines Zoogeschäfts. Hier wurde auf engstem Raum buchstäblich alles angeboten. Hühner saßen in engen Käfigen, wollte jemand eines haben, wurde es an Ort und Stelle geschlachtet. Schildkröten waren förmlich gestapelt in kleinen Behältnissen. Bei uns streng geschützte Warane waren in zum Teil erbärmlichsten Zustand zahlreich vorhanden. In verschraubten Gläsern bestaunten wir alle möglichen Schlangen, selbst sehr giftige Hornottern und Kobras waren dabei.

Bei vielen der angebotenen Tiere musste ich mit mir kämpfen, sie nicht zu kaufen, um ihr trauriges Los zu beenden. Vernünftigerweise habe ich mich aber zum Glück dagegen entschieden. Zum einen musste ich beim Zoll mit Schwierigkeiten rechnen, zum anderen hätte der Händler für verkaufte Tiere mit großer Wahrscheinlichkeit schnell Ersatz geordert.

Es blieb mir nur die Hoffnung, dass mit der Öffnung des Landes zum Westen auch die Standards im Tier und Artenschutz übernommen werden. Erstaunlich war das Leben in den Straßen von Tripolis. Während sonst im Land die Kleidung und das Verhalten der Menschen sehr konservativ und religiös geprägt sind, offenbart sich Tripolis als moderne und weltoffene Großstadt. Gerade die Jugend lässt sich nicht mehr in alten Schranken halten, die Kleidung ist modern und man gibt sich wie in westlichen Städten.

Namibia

Der Virus Afrika hatte uns gepackt und ein halbes Jahr später führte uns die Reise nach Namibia. Ein Schulfreund von mir lebt schon einige Jahre in diesem Land und durch seine Berichte hatten wir schon großen Appetit auf Namibia bekommen. Selbst die Möglichkeit einer Auswanderung hatten wir in Betracht gezogen und haben dort auch alle möglichen Informationen gesammelt.
Nach der Ankunft in Windhoek nahmen wir unser Auto, einen VW Golf 1, in Empfang und machten uns erst einmal mit dem Linksverkehr vertraut. Unser erstes Domizil war in der Nähe von Okahandja eine Art Feriencamp. Am nächsten Morgen ging es zum Einkaufen von Proviant. Ich blieb als Wächter im Auto und meine Frau ging zum Vermindern unseres Barvermögens in den Supermarkt. Alle paar Minuten wurde ich angesprochen zwecks Bewachung des Wagens.
Die einheimische Bevölkerung hat sich eine sehr effektive Einnahmequelle geschaffen. Wenn man irgendwo parkt, bietet sich sofort jemand zur Bewachung des Autos an, ignoriert man das Angebot und lässt das Auto unbewacht, raubt es derjenige oder ein Bekannter aus.
Mein Aufenthalt auf dem Parkplatz zog sich sehr in die Länge, meine Frau hatte im Markt eine deutschstämmige Frau getroffen und von ihr eine Menge Wissenswertes über das Leben in Namibia erfahren. In Okahandja haben wir dann auch sehr Aufschlussreiches über die Lebensbedingungen in Namibia gesehen.
Fast jedes Haus war von Mauer oder Zaun umgeben, hatte eine Überwachungsanlage und oft einen oder mehrere wild bellende Hunde auf dem Grundstück. Damit war Okahandja als zukünftiger Wohnort für uns nicht mehr unbedingt an erster Stelle.
Da mein ehemaliger Schulfreund in Okahandja lebt, haben wir Ihn natürlich besucht. Er hatte sein Haus in einer reinen Schwarzensiedlung gebaut und ein sehr gutes Verhältnis mit seinen Nachbarn. Dadurch war die Sicherheitsfrage etwas entspannt, allerdings war auch bei ihm schon eingebrochen worden.

Auf der Weiterfahrt Richtung Swakopmund machten wir Station auf der Ameib Farm. Neben einer Menge Wildtiere sind hier sehr eindrucksvolle Felsformationen und eine prähistorische Feuerstelle zu besichtigen. An der Feuerstelle fanden wir einige Steinwerkzeuge und Knochensplitter, auch einige Gravuren in den Felsen waren zu sehen.

Bei einigen riesigen Murmeln (große Felskugeln) fand ich meinen ersten Skorpion in Namibia, einen Spaltenskorpion. Nahe dabei fanden wir unter Steinen winzige Kröten, denen die Trockenheit offensichtlich nichts ausmachte.

Das Gelände dieser Farm beeindruckt durch viele Felsformationen in oft abenteuerlichen Formen. Bei stundenlangen Wanderungen ist ständig etwa Neues und Erstaunliches zu entdecken. Auch der Wildbestand kann sich sehen lassen, wir haben auf unserer Tour eine Menge Wildtiere beobachten können.

Beim Abendessen wunderten wir uns, dass von den Farmersleuten nichts zu sehen war. Auf den Farmen in Namibia ist es üblich, dass sich die Gastgeber zu den Gästen setzen und diese über das Land und das Leben darin unterrichten. Auf der Weiterfahrt am nächsten Morgen begegnete uns der Farmer mit einigen seiner Leute, fuhr aber nach flüchtigem Gruß weiter. Nach etwa einem Kilometer sahen wir am Rand des Weges ein Holzkreuz mit einer Texttafel. Darauf stand

„Zur Erinnerung an unsere liebe Mutter und Ehefrau Renate Gruber *31.10.53 die hier am 02.09.2002 gewaltsam den Tod fand, Tochter Carola Ehemann Helmut".

Nun wussten wir, warum wir kein Farmerehepaar auf der Farm gesehen hatten und waren ziemlich geschockt.

Nach einigen Stunden kamen wir nach Swakopmund und waren erstaunt über diese deutsche Stadt im Süden von Afrika. Am ersten Abend gingen wir in die „Südwestern Pizzeria" und waren beeindruckt, nicht so sehr von der Reichskriegsflagge an der Decke, sondern von der sehr guten Pizza.

Selbstverständlich haben wir es uns nicht nehmen lassen, am zweiten Abend im „Swakopmunder Brauhaus" Bier zu trinken und eine

Schweinshaxe zu essen. Die Haxe hat uns nicht so sehr begeistert aber das Bier war ein Genuss.

Da wir immer noch mit dem Gedanken spielten nach Namibia zu ziehen, haben wir uns in Swakopmund auch ein Haus angesehen. Das hat uns wirklich sehr gut gefallen und preislich mit Ähnlichem in Deutschland nicht zu vergleichen. Zuhause hätten wir mindestens das Doppelte dafür zahlen müssen.

Sehr gut haben mir viele Gärten gefallen, als beherrschende Pflanzen fanden sich oft Kakteen. Was mich als Kakteenfan natürlich besonders angesprochen hat und ins Schwärmen brachte. Das Klima in Swakopmund ist für Europäer besonders angenehm, je näher man an das Meer kommt umso kühler wird es.

Nach Walfishbay, einem luxuriösen Vorort von Swakopmund, haben wir ebenfalls einen Abstecher gemacht, um uns die Villen anzusehen. Diese lagen direkt am Meer und beeindruckten durch ihre schönen Gärten. Nahe dabei waren große Salzgewinnungsanlagen die blendend weiß in der Sonne glänzten. Überall am Meer waren große Mengen von verschiedensten Seevögeln, der kühle Benguelastrom beschert ihnen ein riesiges Nahrungsangebot.

Auf dem Rückweg nach Swakopmund machten wir einen Abstecher in die Namibwüste und besichtigten die erste ihrer roten Sanddünen. Dabei sahen wir zum ersten Mal den Transnamibexpress, einen langen Zug, den wir später im Land wieder gesehen haben.

Am nächsten Morgen ging es weiter Richtung Süden über den Welwitschia Drive. Dabei passiert man eine Anzahl dieser uralten aber wenig beeindruckenden Pflanzen. Anschließend kamen wir durch die sogenannte Mondlandschaft. Von der Pad (gängigste Straße in Namibia, hier würde man Feldweg sagen) hat man einen weiten Ausblick auf eine enorm karge und etwas trostlose Landschaft.

Weit und breit kein Gewächs beziehungsweise fast kein Gewächs. Der Boden ist überzogen mit einer Schicht aus Flechten. Diese wachsen so langsam, dass man noch die Spuren der Ochsenkarren der Pioniere sehen kann.

Dazu kommen noch die Spuren der englischen Truppen aus dem Ersten Weltkrieg. Stellenweise findet man noch die Lagerplätze dieser Truppen mit einer Menge Hinterlassenschaften. Von Getränkedosen bis Panzerketten liegt noch alles Mögliche an Kriegsgerät seit fast hundert Jahren in dieser Landschaft.

Als Station für die nächste Nacht hatten wir uns einen Campingplatz am Kuiseb River ausgesucht, aber den Zustand der Straße und die Weite des Landes nicht bedacht. So mussten wir einige Stunden durch die Dunkelheit fahren, was in Namibia wegen der Gefahr von Wildunfällen nicht empfohlen wird. Dabei sahen wir einige Tiere, die man am Tage nicht zu Gesicht bekommt wie Hyänen, Schakale und Stachelschweine.

Nachdem wir den winzigen Campingplatz am Kuiseb mit Mühe gefunden hatten, haben wir im Scheinwerferlicht unseres Autos schnell unser Zelt aufgebaut und eine Kleinigkeit gegessen. Im Golf ohne Klimaanlage war unser Bier bei etwa vierzig Grad angelangt und nicht wirklich ein Genuss. Also schnell in die Schlafsäcke und einem ereignisreichen nächsten Tag entgegen schlafen.

Leider war es mit dem erholsamen Schlaf nicht weit her, offensichtlich lag unser Zelt im Revier eines Leoparden und ärgerlich brüllend kam er am Zelt vorbei.

Elke hat die ganze Geschichte verschlafen, mir war aber gar nicht wohl in meiner Haut. Schnell habe ich Campingbeil und Messer gepackt und mich an den Eingang des Zeltes gesetzt.

Nach unendlich langen Minuten entfernte sich das Gebrüll und ich habe Elke geweckt.

Als harmlose Mitteleuropäer war uns diese Situation äußerst unheimlich und wir sind für einige Stunden in das Auto umgezogen. Wohl wussten wir, dass Leoparden Menschen nicht angreifen, wir waren aber nicht sicher, ob der Leopard das wusste.

Nach einer unbequemen Nacht wurden wir am Morgen schon wieder durch Gebrüll geweckt. Diesmal waren wir einer Horde Bärenpaviane im Weg, deren Anführer mit Gebrüll und gebleckten Zähnen auf uns zukam. Der hatte aber den verkehrten Moment erwischt, durch die letzte Nacht war ich noch gereizter als er und ging mit dem Campingbeil auf ihn los. So was Unverschämtes war ihm offensichtlich noch nicht passiert und zögernd hat er den Rückzug angetreten.

Im Flussbett des Kuiseb haben wir dann die Spuren des Leoparden und einen schönen Skorpion (Ophistopthalmus Carinatus) gefunden. Ein Stück flussabwärts sahen wir eine Gruppe Kudu Antilopen, welche uns aber nicht auf Fotoentfernung heranließen.

Weiter ging unsere Reise zu den beeindruckenden Dünen des Sossusvlei. Der Campingplatz liegt einige Kilometer von den Dünen entfernt und wie alle Touristen haben wir erst eine Nacht hier verbracht.

Direkt neben unserem Zelt hatte ein Paar aus Deutschland sein Domizil aufgeschlagen und am Abend haben wir zusammen ein paar Flaschen Rotwein genossen. Am nächsten Morgen um fünf Uhr ging es zu den Dünen, wollten wir doch den berühmten Sonnenaufgang an der Düne 45 erleben.

Der Sonnenaufgang an dieser Düne gehört zu den am meisten fotografierten Objekten der Welt, und wir wollten keine Ausnahme machen. Zum Glück hatte sich eine Oryxantilope malerisch vor der Düne postiert und ließ sich seelenruhig beim Äsen fotografieren.

Von dieser Düne fuhren wir weiter in diese grandiose Dünenlandschaft, die zu den ältesten der Erde gehört. Manche der Dünen sind im Inneren versteinert und bedingt durch die wechselnden Winde verändern sie ihren Standort nie. Auf dem Grad einer Düne stiegen wir bis zur Spitze und konnten das herrliche Panorama dieser einzigartige Landschaft genießen.

Der Abstieg auf dem lockeren Sand gestaltete sich nicht so einfach und kostete in der Hitze einiges an Schweiß. Am Grund der Dünen hatte sich durch die seltenen Regenfälle eine weißglänzende Salzschicht gebildet, welche in deutlichem Kontrast zu dem roten Sand stand. Die Form der Dünen war unwahrscheinlich vielfältig, von scharfkantig bis rund waren alle möglichen Gestaltungen zu sehen. Nach einer mehrstündigen Besichtigung dieses herrlichen Geländes fuhren wir weiter Richtung Naukluftgebirge.

Dort fanden wir Unterkunft auf der Blässkranzfarm bei einem sehr netten deutschen Ehepaar. Der Farmer hatte gerade eine deutsche Reisegruppe durch Namibia kutschiert und kam an diesem Abend auf die Farm zurück.

Da in den zurückliegenden Tagen das Fleisch auf der Farm knapp geworden war, machte er sich mit seinem Geländewagen gleich auf den Weg durch die Farm. Nach etwa einer halben Stunde kam er mit einem stattlichen Kudubullen zurück. Diese Selbstständigkeit auf vielen Farmen hat mich enorm beeindruckt, wie sind wir in Europa doch von der Natur entfremdet.

Abends saßen wir mit dem Farmerehepaar zusammen und ließen uns über das Leben in Namibia berichten.

Am nächsten Tag machten wir von da aus einen Ausflug zur Köcherbaumschlucht. In dieser Schlucht lassen sich sehr viele Tiere beobachten, die man sonst eher selten zu Gesicht bekommt. Am beeindruckendsten für mich war eine schwarze Mamba, die leider viel zu schnell das Weite suchte. Diese Schlange hätte ich gerne längere Zeit beobachtet und auch fotografiert. Aber auch an Pflanzen war für den Sukkulentenfreund eine Menge zu finden, alleine dafür hätten wir Tage benötigt, alles zu erkunden.

Am Ende der Schlucht fanden wir Ruinen aus der Zeit der Schutztruppe vor dem Ersten Weltkrieg. Direkt dabei waren zwei Gräber von Soldaten, die in der Umgebung gefallen waren. Leider war das Verhalten der Deutschen Kolonialherren nicht gerade vorbildlich und es kam zu Aufständen, von denen der Aufstand der Herero der Größte war.

Anfangs hatten die Hereros einige blutige Überfälle auf Farmen und Missionsstationen unternommen. Daraufhin kam es zur Vergeltung durch die Schutztruppe, welche in dem Tod tausender Hereros endete. Die Überlebenden wurden auf einer Insel unter erbärmlichsten Umständen interniert.

Später überdachte das Kaiserreich seine Kolonialpolitik, aber dann kam auch schon der Erste Weltkrieg und die Engländer. Damit wurde es für die einheimische Bevölkerung nicht gerade besser.

Zurück in die Gegenwart, in der die Vergangenheit aber nie ganz vergessen werden sollte, will man vieles verstehen.

Die Wanderungen auf der Blässkranzfarm waren sehr schön für uns, überall sahen wir kleine Reptilien und interessante Pflanzen. Am Ende des Aufenthaltes kam ich sehr ins Grübeln, die Pächter wollten den Pachtvertrag kündigen, um im Norden des Landes eine Farm zu pachten. Da die Pacht lächerlich niedrig war und mir die Farm sehr gut gefiel, war ich lange Zeit mit mir am kämpfen.

Nach vier schönen Tagen ging es weiter durch die Tirasberge, wo wir auf der Farm Koiimasis eine recht kühle Nacht im Zelt verbrachten.

Zu dieser Zeit zog gerade eine Kältewelle über ganz Namibia, nur an einigen Orten war es auch nachts warm. Der Campingplatz auf dieser Farm ist reizvoll und könnte gut für mehrere Tage Quartier bieten, um in den angrenzenden Bergen zu wandern.

Aber unser Zeitpolster war sehr eng und am nächsten Morgen fuhren wir weiter, da wir Kolmanskop besichtigen wollten. Auf der Fahrt entdeckte ich mitten auf der Straße ein Wüstenchamäleon. Sofort bremsen und zurückfahren war eins, denn die Entdeckung dieses besonderen Chamäleons war für uns eine Sensation.

Freunde von uns haben schon bei drei Namibiabesuchen nach diesen Tieren gesucht und wurden nie fündig. Während Chamäleons normalerweise auf Bäumen und Büschen leben, ist dieses Wüstentier auf das Leben auf dem Boden spezialisiert.

Nachdem ich das Tier ausgiebig fotografiert hatte, wünschten wir ihm für die Zukunft alles Gute und ließen es wieder seiner Wege gehen.

Bei Aus waren während des Ersten Weltkrieges die deutschen Soldaten eingesperrt und auf dem weiträumigen Areal ihrer Unterkünfte lagen noch in Mengen Hinterlassenschaften dieser Menschen herum. Ganz in der Nähe befindet sich ein Friedhof, wo die gestorbenen Soldaten dieses Lagers ihre letzte Ruhe fern der Heimat gefunden haben.

Am Abend gingen wir in Aus in eine Kneipe, um etwas zu essen und zu trinken. Als der Besitzer hörte, dass wir uns für Schlangen interessieren, wurde er hellhörig. Er hat uns dann seinen kleinen Bestand an Schlangen gezeigt und freute sich, endlich mit einem Gleichgesinnten zu sprechen.

Zwei Holländer kamen dann auch noch in die Kneipe und wollten etwas essen. Der Wirt hat ihnen Straußencurry empfohlen und sie haben es auch bestellt. Nach einigen Bissen fingen sie an zu schwitzen und zu stöhnen, das Essen war ihnen deutlich zu scharf. Daraufhin hat uns der Wirt einige Bissen davon zum Probieren angeboten, es war zwar scharf aber ganz lecker. Nach unserem Lob haben wir von ihm eine Portion gratis bekommen. Die zwei Holländer aber haben Bauklötze gestaunt, dass selbst Elke das Curry mit Genuss gegessen hat.

Am nächsten Tag fuhren wir durch das riesige Diamanten Sperrgebiet nach Kolmanskop. Das ist eine Geisterstadt aus der Zeit des Diamantenbooms und heute noch gut überwacht. Es ist nicht gestattet, sich zu bücken, um etwas aufzuheben.

Nach einer Besichtigung der verlassenen Gebäude hat sich Elke einen Diamanten zum fünfunddreißigjährigen Kennenlernen gewünscht. In einem gewaltig bewachten Verkaufsraum hat sie sich dann ein Steinchen ausgesucht und erworben. In Deutschland hätte sie wesentlich mehr dafür bezahlen müssen und es ist ja eine Erinnerung an diesen Abenteuerurlaub.

Anschließend machten wir einen Abstecher nach Lüderitz, einer kleinen Stadt direkt am Meer. Auch Lüderitz ist sehr stark deutsch geprägt, an allen Gebäuden und Straßennamen erkennt man das deutsche Erbe. Am Achatstrand hat Elke tatsächlich zwei Achate gefunden, die kalten Füße bei der Suche im kühlen Meerwasser hatten sich damit gelohnt.

Der Rückweg ging dann wieder durch das riesige Diamantensperrgebiet. Dieses Gelände ist angeblich streng bewacht und das Verlassen des Fahrzeuges verboten. Nach der gründlichen Suche vor hundert Jahren kann ich mir nicht vorstellen, dass hier noch nennenswert was zu finden ist. Die Glücksritter von damals sind auf den

Knien durch das große Areal gerutscht, um auch keinen Diamanten zu übersehen.

Die Weiterreise ging über Rosh Pinah zum Oranjeriver. Diese Reisen in Namibia sind eine sehr eintönige Angelegenheit. Stundenlang auf zum Teil abenteuerlichen „Straßen" und auf hundert Kilometern eventuell ein Auto. Rosh Pinah präsentierte sich uns als hässliche Industriestadt, und wir waren froh, dieses Gebiet hinter uns zu haben.

Der Anblick des Oranjeriver war nach der langen Wüstenfahrt eine willkommene Abwechslung. Endlich wieder eine grüne Landschaft mit einem Fluss in der Mitte. Allerdings war die grüne Landschaft nicht sehr breit, nach einigen Metern beherrschte wieder das Geröll das Landschaftsbild. Dieser Fluss bildet die Grenze zu Südafrika, auf der anderen Seite erblickt man ein karges Hügelland.

Am Ufer des Oranjeriver habe ich ausgiebig nach Skorpionen gesucht und wurde auch bald fündig. Unter einem Stein fand ich einen Parabuthus von rötlicher Färbung, den ich nicht zuordnen konnte. Bei der weiteren Suche fand ich noch einen weiteren dieser Art unter einem Stein und Elke sah einen in der Mittagshitze über die Steine klettern.

Auf der Weiterfahrt sahen wir noch einen auf der Straße laufend, und da denkt man bei Skorpionen an reine Nachtaktivität.

Zuhause stellte sich dann heraus, dass wir eine neue Farbmorphe oder Unterart von Parabuthus villosus entdeckt hatten, die bis dahin völlig unbekannt war.

Wir sind dann noch viele Kilometer den Fluss entlang gefahren, und bald wurde uns klar, dass wir uns verfahren hatten. Da es keine Abbiegung mehr gab, sind wir bis Norderwoer gefahren. Das ist in dieser Gegend der Grenzpunkt nach Südafrika und für uns unvermeidlich der Punkt zum Umdrehen. Wir mussten ein großes Stück den Fluss zurückfahren, bis wir an die Abzweigung kamen, die wir verpasst hatten. Da es noch eine ziemliche Entfernung bis zum Fishriver Canyon war, stand uns wieder eine Nachtfahrt bevor.

Auch bei dieser sahen wir eine Menge Tiere, die ein Tourist normalerweise nicht zu Gesicht bekommt. Nach sehr langer Fahrt sahen wir endlich Lichter in der Dunkelheit und freuen uns auf ein gemütliches Bett nach der nervenaufreibenden Nachtfahrt. Doch weit gefehlt, alle Zimmer waren belegt und wir mussten zur „Straße" zurückfahren. Nach einer weiteren halben Stunde Fahrt kamen wir bei einem Camp an und zu unserem Glück war auch noch ein Ferienhaus frei.

Am nächsten Tag besuchten wir den Fishriver Canyon, der schon von oben betrachtet gewaltig aussieht. Von seinem Rand blickt man über eine riesige Felslandschaft, in die der Fluss im Laufe von Jahrmillionen einen tiefen Canyon geschnitten hat.

Der Abstieg in den Talgrund ist nur mit Führung und Gesundheitszeugnis gestattet. Aber verrückt, wie wir sind, haben wir trotz Verbot den Abstieg gewagt und gewaltig geschwitzt. Der Abstieg war natürlich sehr steil und durch Geröll zusätzlich erschwert.

Unten angekommen zeigte sich der Fishriver selbst als müdes Rinnsal, nach einem der seltenen Regenfälle sah das bestimmt ganz anders aus. Nachdem wir eine Weile am Fluss entlang gewandert waren, ging es an den nicht minder beschwerlichen Aufstieg. Im ersten Moment denkt man sich, waren wir verrückt so eine Strapaze auf uns zu nehmen. Im Nachhinein sind wir froh, dass wir unten waren.

Weiter ging es über den Kalahari Highway nach Rehoboth, wo wir uns am Ufer des Lake Oanob ein schönes Chalet gemietet haben.

Dieser Stausee ist herrlich gelegen und die Chalets sind sehr schön eingerichtet.

Direkt bei dem Stausee befindet sich ein kleiner Wildpark, in dem wir unter anderem unsere ersten Giraffen in der Natur gesehen haben.

Am nächsten Morgen ging es über Windhoek nach Okahandja, wo wir uns ein Zimmer für die Nacht suchten. Am Abend haben wir dann durch Zufall erfahren, dass sich in diesem Zimmer ein Jahr vorher ein Drama abgespielt hatte. Der Besitzer des Hauses hatte in dem Zimmer seine Ehefrau mit einem anderen erwischt und beide erschossen.

Das passte zu dem ganzen Charme von Okahandja, Mauern, Stacheldraht, Hunde und Überwachungsanlagen machten den unnachahmlichen Flair dieser Stadt aus. Wir wollten uns für den Abend noch ein Bier holen und sind bis zum nächsten Einkaufsmarkt gelaufen. Auf unsere Frage bei einer Verkäuferin sagte uns diese, da Feiertag sei, dürfte kein Alkohol verkauft werden und schickte uns zu einem Polizisten. Der hat dann die Hand aufgehalten und für etwas Geld den Schrank mit dem Bier aufgeschlossen.

Nach einer sehr lauten Nacht infolge des permanenten Hundegebells sind wir von Okahandja zur Oropoko Farm gefahren. Für den Besitzer dieser Farm arbeitet der Jugendfreund von mir, den wir in seinem Haus in Okahandja auch besucht haben.

Die Farm hat einen hervorragenden Wildbestand, selbst Nashörner sind hier zu finden.

Die Einrichtung der Farm und der Unterkünfte ist luxuriös und schon von der Terrasse aus kann man eine Menge Tiere beobachten. Das Abendessen und der Rotwein waren köstlich und am nächsten Morgen haben wir eine Safari durch die Farm mitgemacht und dabei eine ganze Anzahl verschiedene Tierarten gesehen.

Über weitere Zwischenstationen ging es Richtung Windhoek und unser herrlicher Urlaub war beendet.

Die vom Oranje mitgenommenen Skorpione entpuppten sich alle als Weibchen und haben uns reichlich Jungtiere beschert, mit denen der Bestand dieser schönen Spinnentiere in den Terrarien der Liebhaber hoffentlich gesichert ist.

Die Lebensräume unserer Tiere

Im Anschluss an die Reiseerzählungen möchte ich noch auf die Lebensräume der Wildtiere unserer Heimat eingehen. Dabei habe ich bewusst nur die Umgebung meines Heimatdorfes gewählt, um ein wirklich korrektes Bild aufzuzeigen. Leider gibt es unter diesen Lebensräumen fast keinen, der nicht stark beeinträchtigt ist. Überall ist ein gewaltiger Artenschwund zu beobachten.
Diese Beobachtungen sind leider uneingeschränkt auf ganz Deutschland übertragbar, täglich gehen große Flächen an Natur verloren. Für die Wildtiere bleibt kein Platz mehr und die Nicht-Kulturfolger sehen einem ungewissen Schicksal entgegen.

Die Bäche

Der Seenbach

Wie eingangs schon geschildert, habe ich seit meiner Kindheit viel Zeit an den Gewässern des Dorfes und der Umgebung verbracht. Daher sind mir die Veränderungen innerhalb der letzten Jahrzehnte sehr bewusst. Der Seenbach ist namensgebend für unser Tal und unser Dorf. Mit einer Länge von etwa 18 Kilometern ist es ein recht kurzer Bach, in den vergangenen Jahrhunderten hatte er aber wirtschaftlich für die Region einige Bedeutung.
Immerhin hat er mehreren Mühlen das Wasser für den Antrieb der Mühlräder gespendet. Diese Bedeutung veranlasste die Grafen von Laubach zu einer höchst fragwürdigen Aktion, in der sie das Wasser des Seebaches nach Laubach umgeleitet hatten. Auf Intervention der Freienseener Müller bei dem Kaiser mussten die Laubacher ihren Raubbach, von dem heute noch die Reste im Wald zu sehen sind, wieder verschließen.

Schon in den fünfziger Jahren erlebte der Seenbach eine erste Zensur, als im Laufe der Feldbereinigung sein Bett bei Freienseen umgeleitet wurde. Das neue Bachbett läuft seitdem gerade und mit Steinen ausgekoffert in dreihundert Metern Abstand an Freienseen vorbei. Im Zuge dieser Umleitung haben eine Menge Fischarten ihren Lebensraum verloren, da das neue Bachbett den größten Teil des Jahres recht flach dahin läuft.

In Höhe der ehemaligen Molkerei war als Feuerlöschzapfstelle ein hölzernes Wehr errichtet, welches im angestauten Wasser einen gewissen Ausgleich für die Begradigung bot. In dem Bereich zwischen den beiden Brücken hat sich dann auch lange Zeit ein nennenswerter Fischbestand halten können.

Hier waren von Aal bis Karpfen noch eine Menge Fischarten vertreten. An diesem Bachabschnitt habe ich mit einem Jugendfreund meine ersten Angelversuche unternommen und auch einiges gefangen. Besonders die meist überraschenden Bisse von Karpfen brachten mich manchmal ins Schwitzen. Die Ausrüstung war nicht für diese stark kämpfenden Fische ausgelegt und ich musste oft Bach auf, Bach ab hinter dem Fisch her rennen. Aber auch manche stattliche Forelle leistete heftige Gegenwehr und musste mühsam gebändigt werden. Insgesamt habe ich an dieser Stelle Aale, Bach- und Regenbogenforellen, Döbel, Hechte, Karpfen, Schleien, Gründlinge, Ellritzen, Barsche und Karauschen gefangen. Fast alles wurde wieder zurückgesetzt, da dieser Abschnitt räumlich sehr begrenzt war und keine große Fischentnahme durch Angeln auf Dauer ohne Einbußen verkraften konnte.

Aus dieser Aufzählung wird ersichtlich, welche Bedeutung der Seenbach damals als Lebensraum für viele Fische hatte. Als Besonderheit und Beweis für die gute Wasserqualität lebten auch sehr viele Mühlkoppen und Bachneunaugen in diesem Bach. Aber nicht nur für Fische war es ein wertvoller Lebensraum. Es gab damals noch ein sehr gutes Edelkrebsvorkommen im gesamten Seenbach, dazu kamen Flussperlmuscheln, Bachmuschel und gelegentlich auch Teichmuscheln.

An Amphibien bevölkerten ihn etliche Wasserfrösche, Laubfrösche, Teichmolche und auch Bergmolche.

Etwa 1975 ging die Wassermenge im gesamten Seenbach sehr stark zurück und auch das Wehr wurde entfernt. Innerhalb kurzer Zeit waren die meisten Fische, die Edelkrebse und auch die Muscheln außer der genügsamen Bachmuschel verschwunden. In den letzten Jahren geht der Bestand der Bachmuschel jedoch auch stark zurück, bald wird auch sie verschwunden sein.

An einigen begünstigten Stellen hält sich bis heute ein kleiner Bestand an Ellritzen, Döbeln und auch kleinen Bachforellen, die vom Unterlauf des Seenbaches oder auch der Ohm zuwandern. Aus einem artenreichen und wertvollen Lebensraum ist in einem halben Menschenleben ein kümmerliches Rinnsal geworden.

Der Dörnbach

Dieser Bach entspringt in Altenhain und mündet hinter Freienseen in den Seenbach. Trotz dieser kurzen Distanz war auch er in meiner Jugend die Heimat vieler Fischarten. Selbst Flussperlmuschel und Edelkrebse waren hier nicht selten. Als Besonderheit lebte in diesem kleinen Bach eine ganze Menge Schlammpeitzger. Aus keinem anderen Gewässer ist mir dieser hochinteressante Fisch bekannt. Neben dem Schlammpeitzger fanden sich viele Wiesenbachschmerle, Gründlinge, Ellritzen, Döbel, Aale, einige Hechte und Forellen.

Den Dörnbach hat der Fluch des Wassermangels noch früher ereilt als den Seenbach und heute finden nur noch einige Ellritzen und Wiesenbachschmerle ein sehr eingeschränktes Auskommen. Erstaunlich war das frühe Verschwinden der Schlammpeitzger, können diese Fische mit ihrer zusätzlichen Darmatmung doch das zeitweise Austrocknen eines Gewässers überleben. Damals liefen aber noch etliche Abwässer eines Teiles von Freienseen in diesen Bach. Bei Niedrigwasser führten diese Abwässer zu einer Vergiftung des Wassers und gerade die Boden bewohnenden Fische wurden vergiftet.

Heute ist dieser Bach fast jeden Sommer trocken und die wenigen Fische, welche immer wieder vom Seenbach zuwandern, erleiden einen elenden Tod.

Die Horloff

Dieser Bach entspringt bei Betzenrod und kommt bei Gonterskirchen Freienseen am nähesten. In meiner Jugend beherbergte sie einen ähnlich großen Fischbestand wie der Seenbach, es fehlten lediglich Hechte und Karpfen. Ebenfalls hatte er ein schönes Vorkommen an Edelkrebsen. Neben dem Absinken des Wassers spielt bei dem Verschwinden vieler Tierarten bei diesem Bach die Feuchtlagerung von Holz eine besondere Rolle.
Durch die Säuren, die bei der Bewässerung des Holzes in den Bach geraten, sinkt periodisch der Sauerstoffgehalt des Wassers und die Lebewesen darin ersticken. Besonders hervorzuheben ist das Vorkommen der Ringelnatter entlang der Horloff, dies ist das dichteste Vorkommen der ganzen Umgebung.
Aus dem Bereich Gonterskirchen erreichen mich immer wieder Meldungen über gesichtete Kreuzottern. Eine gesicherte Bestätigung fehlt aber noch, die nächsten Jahre werde ich mich noch eingehend damit beschäftigen.

Die Wetter

Dieser, für eine ganze Region Namengebende Fluss, entspringt im Wald zwischen Freienseen und Schotten. Früher haben in seinem Oberlauf die Feuersalamander in großer Stückzahl ihre Jungen im Wasser abgesetzt. Leider ist das Wasser seit vielen Jahren stark zurückgegangen und die meisten Feuersalamanderlarven schaffen ihre Umwandlung bis zum Trockenfallen des Oberlaufes nicht mehr. Daher gehen auch hier die Bestände des Feuersalamanders stark zurück.

Weiter unten beherbergt dieser Fluss eine Menge Fischarten, selbst die Quappe wurde hier gefangen. Außer dem Oberlauf ist die Wetter als Lebensraum für Fische und Krebse die letzten Jahre immer besser geworden. Durch die Abwasserklärung hat sich die Qualität des Wassers stark verbessert und so ist die Wetter eine angenehme Ausnahme unter den Gewässern.

Der Oberlauf hat jedoch durch den stark verminderten Zufluss aus der Quelle für Fische keine große Bedeutung mehr, erst nach etwa fünfzehn Kilometern führt sie genügend Wasser für größere Fische und Krebse.

Die Teiche

Die Grube

Dieser Teich verdankt seine Entstehung dem Eisenerzabbau des letzten Jahrhunderts und hatte in meiner Jugend einen ziemlich stabilen Wasserstand. Es waren eine Menge Fische eingesetzt worden. Gerne beobachtete ich die Karpfen und Döbel, die sich an der Oberfläche des Wassers sehen ließen.
Der Edelkrebs war ebenfalls vorhanden, konnte aber durch die stattliche Zahl an Hechten keine größeren Bestände bilden.
Ebenfalls um 1970 war es mit dem Wasser plötzlich vorbei, zum ersten Mal fiel der Teich trocken und mit den Fischen war es vorbei.
Dabei kamen eine ganze Anzahl recht stattlicher Aale zum Vorschein. Diese waren Jahre vorher aus dem Seenbach eingesetzt worden und waren gut gewachsen. Normalerweise wandern erwachsene Aale ins Meer ab, um sich in der Sargassosee zu vermehren. Das war durch die Lage der Grube nicht möglich und die Aale waren noch als Erwachsene im Teich.
Durch das Fehlen der Fische haben sich die nächsten Jahre die Laubfrösche deutlich vermehren können und jetzt hört man im Frühjahr schon von Weitem ein lautes Froschkonzert. So kann eine Katastrophe für etliche Tiere für andere zum Vorteil werden.

Die Eisenkaute in Weickartshain

Auch dieser Teich verdankt seine Entstehung dem Eisenerzabbau. Er wurde ebenfalls frühzeitig mit Fischen besetzt und enthielt als Besonderheit einen riesigen Bestand an Edelkrebsen. Überall im Wasser konnte man diese Panzerträger marschieren sehen und so mancher Hecht, den wir fingen, hatte Krebse im Magen.
Rund um diesen Teich waren noch einige kleinere Tümpel, in denen eine Menge Amphibien lebten. Wasserfrösche, Seefrösche, Grasfrö-

sche, Laubfrösche, Erdkröten und viele Molche belebten diese Tümpel.
Als Besonderheit habe ich hier die Knoblauchkröte gefunden. Es war der einzige Lebensraum dieser Art weit und breit. Auf einer angrenzenden Wiese sahen wir einmal eine Schlingnatter, diese Schlangenart ist wie viele andere auch bei uns verschwunden.
Leider wurde das Gebiet zur Nutzung als Campingplatz und Grillhütte planiert und mit den ganzen Amphibien war es vorbei.
Heute wird der verbliebene Teich als Angelgewässer genutzt und bietet noch wenigen Tierarten einen Lebensraum.

Der Tiergärtnerteich bei Laubach

Dieser Teich diente früher den Grafen von Laubach als Karpfenzucht, beherbergte aber auch einen großen Bestand an Edelkrebsen. Oft habe ich abends mit der Taschenlampe die Ufer abgeleuchtet und zum Teil erstaunlich große Krebse gesehen. Trotz der erheblichen Anzahl an Karpfen lebten auch viele Frösche und Molche in diesem Teich. Abends vibrierte geradezu die Luft von dem lauten Quaken der Laubfrösche. Zusätzlich wurde der Teich von einer großen Zahl Wasservögel belebt. Haubentaucher, Enten, Teichhühner und gelegentlich Graugänse waren zu beobachten.
Als Besonderheit für unsere Region war er einige Jahre die Heimat eines Fischotters. Mit der Verschlechterung der Wasserqualität ist dieser Wassermarder verschwunden.
Einige Jahre später wurde der Teich an einen Angelverein verpachtet und es kamen Hechte und Zander zum Fischbesatz hinzu. Aus einem mir nicht bekannten Grund wurde der Teich die letzten Jahre stark überdüngt und die Wasserqualität sank rapide ab. Vermutlich kam es durch diese Überdüngung zu einer Vergiftung des Wassers und die meisten Tierarten sind verschwunden. Selbst an Wasservögeln ist nichts mehr zu sehen, von den Krebsen ganz zu schweigen.

Die Steinbrüche

Freienseen liegt am Rande des Vogelsberges, der das größte zusammenhängende Basaltmassiv Europas darstellt. Daher ist es nicht verwunderlich, dass sich in unserer Umgebung einige Steinbrüche befinden. Vor Jahrzehnten sah man diese als klaffende Wunden in der Natur, am liebsten hat man sie mit Abfällen verfüllt.
Zum Glück hat sich das in den letzten Jahren etwas geändert. Steinbrüche sind für viele Tier- und Pflanzenarten einzigartige Lebensräume. Von der Zauneidechse bis zum Uhu finden hier eine Menge Tiere optimale Lebensräume. Leider kam für den bedeutendsten Steinbruch am Rand von Freienseen das Umdenken zu spät, der größte Teil ist mit Abfall und Aushub verfüllt. Aber noch jetzt kann man einiges an Tieren darin finden, leider hat die fortschreitende Verbuschung den Eidechsen den meisten Platz genommen. In einigen Randbereichen haben sie sich aber noch gehalten. Durch das Auffüllen mit Bodenaushub wurde der besondere Charakter verändert und Büsche und Bäume haben aus dem Steinbruch einen Waldbereich werden lassen.
Einigen Vogelarten ging es zum Glück besser. Raubwürger, Rotschwanz und etliche andere Arten besiedeln diese Biotope aus Menschenhand bevorzugt.
In einem Steinbruch bei Villingen hat sogar der Uhu wieder einen Nistplatz gefunden. Und dass, obwohl sich im Steinbruch eine viel genutzte Grillhütte befindet.

Der Dombühl

Die Kuppe des Dombühls überragt Freienseen in östlicher Richtung. Der Steinbruch wurde schon während des letzten Krieges als Schießanlage benutzt und diesen Zweck erfüllt er noch heute. Da er von Wald umschlossen wird, spielt er für wärmeliebende Arten keine Rolle. Für Freienseen hat er eine große geschichtliche Bedeutung. Von Dr. Karl Kellermann wurden hier in den neunzehnhundertdreißiger Jahren Ausgrabungen durchgeführt, in deren Verlauf Gräber und der Eingangsbereich eines Heiligtums aus keltischer Zeit gefunden wurden.
Leider sind von diesen Ausgrabungen keine Unterlagen mehr vorhanden und alles ist in Vergessenheit geraten. Bleibt zu hoffen, dass irgendwann neuere Untersuchungen durchgeführt werden.
Durch seine exponierte Lage stellte er für die Menschen früherer Epochen einen idealen Siedlungs- und Kultplatz dar. War doch das Tal des Seenbaches noch überwiegend Sumpfland und kaum zu besiedeln. Erst in späteren Epochen wurden die Sümpfe entwässert und das jetzige Dorf Freienseen konnte entstehen.
An vielen Stellen im Wald um Freienseen habe ich Reste von Siedlungen gefunden, die noch ihrer Erforschung harren.
Ein Hinweis meines Großvaters auf Gräber im Wald bei Freienseen aus dem Dreißigjährigen Krieg ist nicht mehr zu belegen. Laut seiner Erzählung hat bei Freienseen eine Schlacht während dieses Krieges stattgefunden und die Gräber seien noch zu erkennen. Leider habe ich es damals versäumt, mir diese Stelle zeigen zu lassen und heute ist sie vergessen. Auch Nachfragen bei Historikern und Denkmalschützern brachten keinen Erfolg.

Ton und Sandgruben

Ein anderer wichtiger Lebensraum aus Menschenhand sind die Tongruben. Am Stadtrand von Gießen finden sich einige und darin hat sich sehr schnell ein besonderes Ökosystem etabliert. Hier finden sich die typischen Steppenarten wie Gelbbauchunke und Kreuzkröte. An Vögeln fallen besonders die Regenpfeifer, Brachvögel und Uferseeschwalben auf. Leider wurde auch hier anfangs sehr viel verfüllt, mittlerweile stehen diese Oasen am Rand der Stadt aber unter Schutz.

Bei Gambach findet sich ein weiteres sehr interessantes Abbaugebiet, in dem viele ursprünglich nicht beheimatete Tiere anzutreffen sind. Besonders fallen hier die Wechselkröten, Kreuzkröten und Geburtshelferkröten auf. Diese ursprünglichen Steppenbewohner hatten an dieser Stelle einen hervorragenden Lebensraum aus Menschenhand gefunden. Hier war auch der einzige Platz in Hessen, wo ich schwarze Zauneidechsen gefunden habe.

Leider hatte auch hier der Wahnsinn der Rekultivierung zugeschlagen. Vom einstmals dicht besiedelten Lebensraum sind nur noch klägliche Reste vorhanden. Nachdem die Planierraupen fertig waren, konnte ich eine Menge verstümmelte Kröten finden. In die Laichgewässer hatte ein Angelverein Fische eingesetzt und mit den Kröten war es vorbei.

Der Wald

Der Wald stellt den wichtigsten Lebensraum unserer heimischen Tierwelt dar. Viele Vogelarten und die meisten Großsäuger könnten ohne ausreichend große Wälder nicht existieren. Auch für die Menschen stellt er als Wasserspeicher und grüne Lunge einen lebenswichtigen Teil des Landes dar. Zum Glück liegen die Zeiten großer Waldzerstörung lange hinter uns. In den letzten Jahrhunderten wurden große Teile des Waldes zur Gewinnung von Acker- und Siedlungsflächen gerodet. Dann kam die unselige Zeit der Köhler, diese Wald vernichtende Art der Energiegewinnung hatte tief greifende Folgen für unsere Wälder.
Auch das Wild in den Wäldern hatte sehr unterschiedliche Perioden zu überstehen.
Vom Mittelalter bis ins letzte Jahrhundert bestimmte der Adel über die Wildnutzung und zum Zweck der Gesellschaftsjagden wurde ein hoher Wildbestand angestrebt. Nach allen großen Kriegen wurde das Wild zum Nahrungserwerb erbarmungslos verfolgt. Bei den meisten Wildarten waren nach diesen Kriegen Stückzahlen von unter zehn Tieren pro Jagdbezirk die Regel.
Von meinem Großvater habe ich einen Bericht über die übliche Praxis der Bevölkerung zur Nahrungsbeschaffung. Fleisch war für die Menschen nach den Kriegen nicht erschwinglich und so musste das Wild dran glauben. Um die Wildschweine zu erbeuten, wurde ein Loch in eine rohe Kartoffel geschnitten und darin der Zünder einer Granate untergebracht. Hatte eine Wildsau auf die Kartoffel gebissen, wurde ihr der Kiefer zerfetzt und es kam wieder einmal Fleisch auf den Tisch. Das war ziemlich rabiat, der Hunger lässt diesen Umstand aber vergessen. Hirschen und Rehen wurde hauptsächlich mit Schlingen nachgestellt, bei Rehen wurden aber auch Schlagfallen gestellt. Diese hielten die Rehe am Lauf (Bein) gefangen und es wurde dann mit dem Messer getötet. Natürlich waren nach diesen Kriegen jede Menge Waffen im Umlauf, der Knall eines Schusses war natürlich ein großes Risiko.

Besonders nach dem Ersten Weltkrieg war die Wilderei sehr stark ausgeprägt. Bedingt durch die Grausamkeit des Grabenkrieges war die Hemmschwelle bei vielen ehemaligen Soldaten sehr stark herabgesetzt. Und diese bildeten öfter Wilderergruppen von besonderer Brutalität.

Am stärksten war dieses Unwesen in den Alpenländern ausgebildet, aber auch in Hessen gab es brutale Banden. Der Mord an Förstern oder Jägern war für diese Menschen eine Bagatelle, war doch das Töten von Menschen über mehrere Jahre für sie normaler, für das Überleben notwendiger Alltag.

Mittlerweile wacht eine Jagdbehörde über die Wilddichte, und schreibt Jägern und Waldbesitzern den Abschussplan vor. Leider setzen sich dabei ökonomisch interessierte Kreise stark durch und der Abschussplan berücksichtigt nicht die ökologischen Zusammenhänge. Am stärksten haben dabei die Hirsche zu leiden.

Die am wenigsten Betroffenen sind die Wildschweine, durch ihre ständigen Ortswechsel und ihre strikte Nachtaktivität sind sie kaum wirkungsvoll zu bejagen.

Der Baumbestand wurde die letzten Jahrzehnte immer mehr durch die schnell wachsende Fichte dominiert, die Stürme der letzten Jahre haben uns diesen Unsinn vor Augen geführt. Die Laub abwerfenden Bäume bieten den Stürmen in Herbst und den Schneelasten im Winter weniger Angriffsfläche, die Stürme haben die Fichten hinweggefegt. In den dicht stehenden und dunklen Fichtenwäldern ist kein Bodenbewuchs möglich und der Waldboden hat außer Fichtennadeln nichts aufzuweisen. Für das Wild gibt es darin nichts zu fressen und es ist auf Triebe und Rinde angewiesen.

Daraufhin wettern die Förster und Waldbesitzer gegen einen vermeintlich viel zu hohen Wildbestand und fordern die radikale Dezimierung. Dass sie die Schäden selber verursacht haben, kommt ihnen nicht in den Sinn.

Ein Wald mit überwiegend Laubbäumen lässt einen bedeutenden Bodenbewuchs zu und bietet dem Wild eine natürliche Nahrung. Außerdem erfüllt er wesentlich besser die Funktion eines Wasserspeichers und Luftfilters.

So haben die verstärkten Herbststürme der letzten Jahre den Förstern ihren teuren Blödsinn vor Augen geführt. Hoffentlich bleibt ihnen das im Gedächtnis. Wobei eine vernünftige Waldplanung immer noch Utopie bleibt. Die Bäume werden immer noch viel zu dicht gepflanzt und das natürliche Pflanzenwachstum am Boden ist stark beeinträchtigt. Gleichzeitig werden neue, standortfremde Nadelbaumarten gepflanzt. Anscheinend sind die Waldbewirtschafter nicht besonders lernfähig, den neuen Unsinn werden sie in einigen Jahrzehnten vorgeführt bekommen, wenn die jetzt gepflanzten Nadelbäume Mikado spielen.

Um Arbeitskräfte einzusparen, werden die sogenannten Harvester zur Holzgewinnung eingesetzt.

Damit lassen sich etwa zehn Waldarbeiter einsparen und der kurzfristige Profit steigt. Von diesen riesigen Maschinen werden jedoch eine Menge umstehender Bäume verletzt, man rechnet mit einem Ausfall von über zwanzig Prozent durch das Eindringen von Fäulnis in die Bäume.

Noch viel schlimmer sind die Folgen für den Waldboden. Nach Untersuchungen ist der Boden nach diesem Einsatz nur noch zu fünf Prozent durchlüftet. Und dieser Schaden ist selbst nach Jahrhunderten noch nicht behoben. Wie mit der Einführung der Fichte wird auch hier wegen des vermeintlichen schnellen Profits das ganze Ökosystem zerstört.

Und dann verfolgen diese Leute das Wild als angeblichen Waldvernichter. Selber sind sie um ein Vielfaches schlimmer, und das für den schnellen Gewinn.

Vor einigen Jahren waren alle Medien voll über das Waldsterben. Wollen wir den Statistiken von damals glauben, dürfte es jetzt eigentlich keinen Wald mehr geben. Wie wir sehen, ist der Wald immer noch da und eine Menge Leute haben an einem nicht existenten Waldsterben gut verdient.

Vermutlich ist das der einzige Zweck dieser immer wiederkehrenden Massenpsychosen wie dem Rinderwahn. Der Wahn liegt weniger bei den Rindern, sondern bei hysterischen Kreisen in Regierung und Bevölkerung. In regelmäßigen Intervallen werden wir mit ver-

meintlichen Katastrophen konfrontiert, die nur durch sofortiges Aufdrehen des Steuergeldhahns aufgehalten werden können. Ist reichlich Geld in alle möglichen gierigen Quellen geflossen, erledigt sich alles von selber und ganz stillschweigend. Wie lange lassen wir uns eigentlich von Wirtschaft und Politik verarschen?
Gab oder gibt es überhaupt ein Waldsterben?
Wenn ich heute mit wachen Augen durch den Wald gehe, sehe ich eine Menge alter Bäume, die im oberen Bereich abgestorbene Äste aufweisen. Besonders betroffen sind leider die langsam wachsenden Eichen. Hat hier das Waldsterben durch Luftverschmutzung zugeschlagen oder werden die wirklichen Ursachen aus politischen und wirtschaftlichen Gründen wie immer verschwiegen? Ich vermute letzteres.
Wenn ich mir die Wurzelballen umgestürzter Bäume anschaue, fällt mir das Fehlen fast aller Saugwurzeln auf. Diese sind durch Wassermangel abgestorben und der Baum vertrocknet. Nicht die Schadstoffe aus der Luft oder das Versauern des Bodens lassen viele Bäume absterben, sondern die viel zu hohe Wasserentnahme.
Es gibt zwar besonders im Osten unseres Landes und den angrenzenden Gebieten viele Wälder, die großräumig durch Luftverschmutzung zerstört wurden, aber das Krankwerden unserer Bäume kommt im Wesentlichen durch Vertrocknen der Wurzeln.
Die Gemeinden, bei denen sich die großen Pumpanlagen der Versorgungsunternehmen befinden, verdienen gut an den Verträgen zur Grundwasserentnahme. Und die großen Städte, denen das reichliche und billige Wasser zugutekommt, interessieren sich wenig für die Pflanzen und Gebäudeschäden auf dem Land. Das Wasser ist unser wichtigstes Lebensmittel und darf nicht zur Reinigung von Leitungen und zur Toilettenspülung missbraucht werden.
Sehr oft haben wir hier im Sommer Perioden, in denen das Trinkwasser durch lange Trockenheit und Hitze knapp wird. Regelmäßig gibt es dann Reglementierungen über den Wasserverbrauch. Aber nur auf den Dörfern, wo ja das Wasser in der Regel herkommt. Fährt man zur gleichen Zeit durch eine größere Stadt, kann man nur staunen. Golfplätze werden ausgiebig mit Wasser versorgt, für die

Parks ist Wasser da, überall sprudelt es reichlich. Nur da, wo es abgezapft wird, muss gespart werden.

Immer wieder muss ich in diesem Zusammenhang an Libyen denken, durch Abpumpen des jahrhundertealten Wüstenwassers ist dieses jetzt in scheinbarem Überfluss vorhanden. Die Parks werden reichlich gewässert, dieser lebenswichtige Rohstoff wird bedenkenlos vergeudet.

Und genau so verhalten wir uns. Noch werden kostenintensive Maßnahmen, mit denen sich Trinkwasser sparen ließe, nicht umgesetzt, das Wasser ist ja so billig. Das wird aber so nicht bleiben. Der ausgetrocknete Waldboden wird immer weniger Wasser speichern können und der Wassermangel wird nicht langsam, sondern vermutlich sehr schnell kommen. Durch das Absterben von Moosen und Farnen wird das Regenwasser nicht mehr aufgehalten und langsam dem Boden zugeführt, sondern fließt schnell ab und nützt weder den Bäumen noch dem Grundwasser. Der ausgetrocknete und durch schwere Maschinen verdichtete Waldboden ist gleichfalls nicht mehr in der Lage, schnell Wasser aufzunehmen. Bevor die Erde angefeuchtet und in der Lage ist, Wasser zu speichern, ist es schon weggelaufen.

Die Folgen sind häufigere Hochwasser und ein plötzlich eintretender Grundwassermangel. Aber etwas „Gutes" hat das Verschwinden des Wassers für uns auch. Die großen Kriege der nicht allzu fernen Zukunft werden mit ziemlicher Sicherheit um das lebenswichtige Wasser ausgetragen.

Wenn wir kein Wasser mehr haben, braucht uns folgerichtig auch niemand mehr wegen diesem anzugreifen. So gewinnt auch das Absurde einen „Sinn".

In Afrika versalzen immer mehr Brunnen aufgrund zu starker Wasserentnahme. Andere fallen durch die Klimaänderung trocken.

Bald wird die stetig wachsende Bevölkerung auf diesem Kontinent nicht mehr genug Trinkwasser zum Überleben haben und was dann geschieht, wird ein Albtraum sein. Die von Hunger und Durst geplagten Menschen werden versuchen, dahin zu gehen, wo noch ein Überleben möglich ist.

Wir in Europa müssen dringend etwas für unser Trinkwasser und seine Erhaltung in den nächsten Jahren tun. Eine effiziente Möglichkeit wäre es, die Wälder zu vergrößern und damit auch den Wasserspeicher, doch dass wird wirkungsvoll verhindert.